EXPERIÊNCIA ANGÉLICA

Maneiras Simples de Cultivar as Qualidades do Divino

Terry Lynn Taylor

Experiência Angélica

Maneiras Simples de Cultivar as Qualidades do Divino

Tradução

DENISE DE C. ROCHA DELELA

EDITORA PENSAMENTO
São Paulo

Título do original:
The Angel Experience

Publicado por Amber-Allen Publishing, Inc., P. O. Box 6657, San Rafael, California 94903.

O primeiro número à esquerda indica a edição ou reedição desta obra. As dezenas à direita indicam o ano em que essa edição ou reedição foi publicada.

Edição	Ano
1-2-3-4-5-6-7-8-9	00-01-02-03-04-05

Direitos de tradução para o Brasil
adquiridos com exclusividade pela
EDITORA PENSAMENTO LTDA.
Rua Dr. Mário Vicente, 374 — 04270-000 — São Paulo, SP
Fone: 272-1399 — Fax: 272-4770
E-mail: pensamento@snet.com.br
http://www.pensamento-cultrix.com.br
que se reserva a propriedade literária desta tradução.

Impresso em nossas oficinas gráficas.

Para mim, viver é criar lindas histórias a partir das nossas experiências mais profundas. Neste livro, você encontrará várias histórias sobre minha amiga Jai, que enfrenta a vida com coragem e de peito aberto, e presta serviço mantendo-se "à disposição dos anjos do Senhor". Dedico este livro a Jai, num gesto de gratidão por ser minha mentora em sabedoria feminina, um anjo sempre pronto a me ajudar e, o mais importante, uma verdadeira amiga e companheira espiritual.

— T.L.T.

SUMÁRIO

Introdução

Anjos: A Consciência Atemporal do Amor

Um dia, enquanto fazia uma de minhas leituras, deparei com a frase de G. K. Chesterton: "Os anjos voam porque tratam a si mesmos com leveza". Essa pequena frase caiu sobre a minha consciência como um jato de luz, e todo o ambiente em que eu estava pareceu iluminar-se. No mesmo instante, duas coisas ficaram bem claras para mim. Primeiro: eu estava levando a minha vida a sério demais, sem respeitar o lado mais leve, bem-humorado, de Deus. Segundo: eu estava esquecendo que os anjos são nossos tutores e guias espirituais ao longo da vida.

Sempre acreditei em anjos e já passei por uma intervenção angélica em tempos de crise, mas, naquela ocasião, eu tomei contato com uma idéia mais ampla do que os anjos representam. À medida que passei a entender de modo mais profundo o senso de humor divino, também passei a ter uma compreensão renovada da vida na Terra e da importância da nossa natureza humana. Ironicamente, os anjos, que podem ser considerados puro espírito, ajudaram-me a honrar o significado de ser um ser humano.

Desde esse dia, a idéia de experiência angélica esteve sempre presente. Quando digo "experiência angélica" refiro-me às qualidades da consciência que nos permitem sentir uma ligação mais estreita com os anjos, e uma experiência mais profunda do que significa fazer parte da espécie humana. As pessoas adoram ouvir sobre as experiências de outras pessoas com anjos e também adoram contar as que elas próprias tiveram; no entanto, este livro não é uma coletânea de histórias de anjos. Posso me referir a algumas histórias uma vez ou outra, mas minha principal intenção não é analisar a existência dos anjos, pois para mim isso já é um fato consumado. Estou interessada no que os anjos querem que saibamos, e na maneira como eles nos guiam para que possamos viver com mais plenitude. Quero fortalecer nossa relação com esses seres, apresentando formas simples pelas quais podemos fazer da consciência angélica uma parte vital da nossa vida diária.

Os anjos nos ajudam a entender a importância da experiência humana no mundo físico. Eles nos fazem lembrar de que precisamos amar, e que cada um de nós tem sua própria maneira de expressar amor. Atuando em parceria e brincando com os anjos, sentimos muito mais amor do que jamais ousamos sentir neste período em que estamos na Terra. Depois que temos uma experiência do amor divino na forma de um anjo, ocorrem transformações e mudanças profundas na vida. Pessoas que passaram por transformações reais da consciência por meio dos anjos receberam graça celestial, bênçãos e esperança em momentos de aflição. Um senso de humor divino fez com que a vida delas voasse a grandes alturas, com amor, luz e alegria.

Depois que os anjos tocam o nosso coração e "beijam nossa consciência", nunca mais somos os mesmos. A orientação dos anjos faz com que o nosso deslumbre diante do fato de sermos humanos desperte com mais força. A magia da natureza, a qualidade mítica de fazer parte da espécie humana, a dor da alma, a elevação do espírito, a beleza da compaixão e a graça da reverência, tudo isso emerge ao mesmo tempo, fazendo com que a vida torne-se uma experiência repleta de significado.

Os anjos podem nos ajudar a encontrar a verdadeira felicidade?
Podemos pedir que os anjos nos ajudem nas questões práticas do dia-a-dia?
O que os anjos andam fazendo nos dias de hoje?
O que está acontecendo no Céu que precisamos saber?
Como podemos nos sentir mais à vontade na condição de ser humano?

Essas são algumas perguntas que me levaram a escrever *Messengers of Light**, publicado na primavera de 1990. Desde então, já escrevi oito livros para ajudar as pessoas a ter uma consciência cada vez maior dos anjos. Esses livros passaram a ser chamados de "livros de anjos", e fizeram parte de uma explosão editorial que aumentou imensamente a popularidade dos anjos. Quando escrevi este livro, as pessoas comentavam comigo que o recente interesse pelos anjos já era uma coisa do passado. Ouço as pessoas dizendo que já não agüentam mais ouvir falar em nada que se relacione a anjos.

Os anjos não são uma canção que, de tão repetida, já cansamos de ouvir ou uma moda passageira que pode ser substituída por outra. A moda vem e vai embora, mas o que é verdadeiro nunca pode ser destruído. A vontade verdadeira sempre ressurge intacta, enquanto o irreal, o falso, o fraudulento sempre acabam passando com o tempo. Os anjos estão entre nós desde o começo dos tempos, e eles sem-

---

**Anjos - Mensageiros da Luz*, publicado pela Editora Pensamento, São Paulo, 1991.

pre estarão aqui, esperando o momento certo para tocar a nossa vida.

Meu maior objetivo sempre será o de manter viva a mensagem dos anjos. Não quero que sua linda mensagem de amor e esperança caia no esquecimento só porque a tendência editorial já é outra. As razões da presença dos anjos na nossa vida ainda existem; os anjos ainda desempenham um papel fundamental na vida de muitas pessoas e a mensagem desses seres nunca foi mais importante. Muitas pessoas continuam a me escrever, contando como os anjos abençoaram a vida delas; afirmam que sua ligação com esses seres ficou mais forte, não mais fraca. Tenho ouvido muitas histórias formidáveis de pessoas comuns que passaram por uma mudança profunda depois que os anjos tocaram a vida delas e as fizeram se sentir mais próximas de Deus.

Visitei pouco tempo atrás uma exposição itinerante de arte chamada "O Invisível faz-se Visível: Anjos do Vaticano". A exposição estava lotada, e as pessoas animadas por estar numa sala cheia dessas imagens deslumbrantes. Na minha opinião, os anjos estão nos mandando uma nova onda de inspiração, ainda mais profunda. Eles estão nos trazendo uma nova consciência, com a qual podemos amadurecer com graça e elegância. Essa consciência nos permitirá viver em paz em meio ao caos destes últimos tempos.

Todos nós ouvimos falar sobre como o mundo anda ruim, como a vida tem sido estressante e como tudo parece tão caótico. Também sinto tudo isso com bastante freqüência, mas só por poucos instantes. A vida nem sempre é fácil; o que nos salva é ser flexíveis — é abrir nosso coração e confiar no amor divino, mesmo quando nos sentimos meio abandonados. Se examinarmos nossa vida atentamente, veremos que também passamos por experiências belíssimas e por momentos abençoados. Vemos que a vida é quase sempre maravilhosa, que sempre temos à nossa volta pessoas de bom coração e que os maiores desafios tornam-se, com o tempo, uma simples questão de mudarmos nosso jeito de ver as coisas.

O conteúdo deste livro foi organizado em capítulos curtos, cujo objetivo é possibilitar uma experiência do divino em nossa vida. Os tópicos que escolhi foram inspirados em dificuldades reais pelas quais muitas pessoas passaram em sua busca pela comunhão com os anjos. Embora a palavra *anjo* não apareça em todas as sentenças, esses seres estão no espaço que cerca cada página. Peço que você continue vivendo com os anjos, para que eles possam lhe proporcionar uma ligação espiritual mais forte com a vida. Pense neles enquanto lê este livro, e esses seres vão inspirá-lo a lembrar que você é amado no Céu de uma forma que pode curar suas feridas mais profundas, criar milagres inimagináveis na sua vida e conceder-lhe graça nos momentos mais difíceis de dor.

Nossa verdadeira natureza humana é divina e nosso relacionamento com os anjos é uma via de mão dupla: tanto recebemos quanto damos. Os anjos são sensíveis à nossa divindade e esperam que sejamos sensíveis à inspiração que eles nos transmitem. Somos chamados a ajudá-los e o mesmo acontece com eles. As experiências com anjos ocorrem naqueles tempos em que nos arriscamos a enfrentar pequenos medos para amar profundamente. As grandes experiências ocorrem só quando corremos riscos — não acontecem quando ficamos reclinados no sofá, imaginando como seria fazer uma determinada coisa, mas só quando vamos lá e a fazemos.

Sempre me perguntam sobre a minha última experiência com os anjos. E eu sempre respondo: Ela está acontecendo agora. A sua experiência também está acontecendo *agora* e, quanto mais você reconhecer a presença dos anjos, mais freqüentes e inspiradoras serão suas experiências com eles.

• 1 •
Como um Anjo

Estudar os anjos é verter luz sobre nós mesmos, especialmente sobre aqueles aspectos da nossa natureza que foram reprimidos pela nossa civilização secularizada, pelos nossos sistemas educacionais secularizados e até pelos nossos sistemas religiosos secularizados. Quando digo secularização, refiro-me a qualquer coisa que diminui nosso encantamento diante das coisas.

— MATTHEW FOX, The Physics of Angels

Imagine por um instante que você é um anjo designado para observar os seres humanos. Você é um ser de pura luz e espírito; pode se tornar aquilo que for preciso, num piscar de olhos. Tudo o que você faz é feito em nome do Grande Criador do Amor, com beleza, graça e esclarecimento divinos. Você passou uma eternidade observando os seres humanos. Tem visto todas as oportunidades de amar que foram desperdiçadas e também seres humanos sofrendo incessantemente, ao longo da vida, mesmo sendo abençoados com tudo de que precisam para viver com prazer e alegria. Você tem testemunhado e ajudado a engendrar momentos profundos em que pessoas têm a chance de ser verdadeiramente inspiradas. Você tem visto corações se abrindo nesses momentos profundos, quando o amor é impresso no mundo de formas que vão além do alcance da imaginação humana.

Como anjo, você pode ter curiosidade para saber de que maneira os seres humanos podem criar amor, beleza e a própria vida fisicamente. Os seres humanos podem estender os braços e abraçar um ente querido, numa cálida troca de afeto. Eles podem oferecer apoio uns aos outros, em momentos de compaixão nos quais uma grande cura acontece. Isso é algo que você testemunhou e facilitou muitas e muitas vezes, na sua condição de anjo, mas nunca pôde sentir por si mesmo a ligação física propriamente dita.

Você já testemunhou a alegria que sentem os seres humanos que fazem do amor a razão de suas vidas, por isso a fé que sente se fortalece e você pede a Deus que lhe permita nascer no corpo de um ser humano. Agora, como anjo na pele de homem, você está pronto para criar a expressão física do amor. Você quer conhecer plenamente os elementos físicos da existência terrena: o calor do fogo, o toque delicado da água, a magia do ar e o conforto das árvores. Todas essas sensações o preenchem com um sentimento de deslumbre e encantamento.

Como anjo em forma de homem, você sente toda a gama de emoções humanas: sente a dor da perda, sente saudade das pessoas que ama quando elas vão embora. A vida humana lhe ensina o que faz com que as pessoas sintam medo de não ser boas o suficiente ou não fazer tudo que deveriam fazer; ensina como elas se mortificam e torturam a si mesmas quando não aproveitam as oportunidades que a vida lhes oferece. Você finalmente começa a entender o cansaço que a vida pode causar. Às vezes, você não consegue levar avante seus ideais e então descobre o que é acalentar um sonho e vê-lo morrer ao longo da jornada.

Como anjo em forma de homem, você compartilha de todas as maneiras absurdas pelas quais os seres humanos deixam de perceber a beleza simples da vida. Muitas vezes, como anjo, você tentou atrair a atenção de uma pessoa para fazê-la parar um pouco e notar a beleza de um pôr-do-sol no qual ninguém reparava. Os seres humanos quase sempre se esquecem de olhar para cima e apreciar uma linda nuvem que os anjos pintaram só para elas. Os anjos percebem o dia em que o deslumbramento infantil dos seres humanos é substituído por preocupações e pelo *stress*.

Os seres humanos têm muitas escolhas e possibilidades, mas às vezes eles esquecem que não têm de se sentar e lamentar uma tragédia enquanto o sol estiver lá fora. As pessoas sempre têm a opção de sair por aí, brincar um pouco e dar boas risadas enquanto se divertem. Não existem regras que digam como os seres humanos têm de encarar a tristeza ou o pesar, ou em que medida o seu coração pode se alegrar.

Como anjo em forma de homem, lidar com valores materiais e com o conceito de dinheiro é para você uma prova particularmente difícil, pois dinheiro é algo absolutamente arbitrário, ainda que seja tão essencial aos olhos das pessoas. Como anjo, você observou os seres humanos saírem à caça de dinheiro, de melhores empregos e de relacionamentos mais satisfatórios. Você também gostaria de saber por que as pessoas insultam tanto a Deus por achar que a chave da felicidade está no fato de conseguirem ter uma aparência física mais perfeita. As imperfeições físicas são reflexos únicos do Espírito Santo. Você não consegue entender por que, a cada dia, mais pessoas não gostam da idéia de envelhecer e de manter vivo o ar de assombro e admiração das crianças.

Você tem visto pessoas optarem pela segurança e pelo tédio, abrindo mão de novas experiências que as deliciariam e enriqueceriam suas vidas. Na obsessão que os seres humanos têm pelo tempo, eles se esquecem de que todo momento encerra as oportunidades mais gloriosas que Deus lhes concedeu. Existem muitas coisas simples que os seres humanos poderiam fazer para tornar a vida uma experiência celestial, da perspectiva de um anjo.

Dessa breve reflexão sobre a vida humana, feita do ponto de vista de um anjo, pode surgir a vontade de saber se não é melhor para os anjos ficar ali, de onde eles têm um belo panorama do dom da vida humana, preservando essa visão para nós e nos incentivando a encontrar maneiras de aproveitar nosso tempo enquanto estamos aqui. Quanto a nós, cabe-nos abrir um espaço no coração para que possamos receber a inspiração que os anjos nos transmitem. Quando erigimos um lugar sagrado dentro de nós, onde podemos nos encontrar com os anjos, passamos a ver a vida com outros olhos. Podemos abrir o coração para o amor divino, sempre que honramos o que de fato significa ser humano.

Você algum dia quis ser como os anjos ou já se imaginou na forma de um anjo? Lembre-se de que os anjos passam o tempo todo rezando e reverenciando a Deus. Se fizéssemos isso em nossa vida, nós de fato viveríamos como os anjos.

. . . .

IDÉIA PRÁTICA: Deslumbre e Encantamento

Finja que você é um anjo que acabou de encarnar num corpo. Comece pela manhã e fique encantado com o que encontra na cozinha da sua casa. Se você for igual a mim, sua primeira aventura pela cozinha será fazer uma xícara de café. Lembre-se de que essa é a sua primeira manhã no mundo físico. Entre e abra o vidro de grãos de café. Dê uma boa olhada neles. Que maravilha, que cor marrom vibrante! Então moa os grãos e inspire profundamente o aroma que exalam. Observe a água ao capturar a luz do sol para dentro do bule. Depois de passar o café, pense em todas as coisas incríveis que você pode fazer na sua cozinha.

Agora pare por um momento e ouça os passarinhos cantando. Vá até a porta e olhe na direção leste, respirando profundamente o ar fresco da manhã. Sinta-se grata por tudo que encontrar. Na hora do banho, agradeça à água por levar embora as impurezas do dia anterior. Deixe o ato de lavar os cabelos tornar-se uma experiência mística, enquanto você espalha o xampu nos cabelos, deliciando-se com a sua fragrância e a rapidez com que ele vira espuma. Como essas experiências são novas para você, *preste atenção* para aprender com elas e apreciar o fato de viver no mundo físico.

Use a imaginação e procure ser como um anjo, da melhor forma que a sua personalidade souber. Não há como errar — tudo resume-se na alegria da exploração. Não existe certo ou errado, nem um jeito bom ou ruim; existe apenas o seu próprio jeito de fazer as coisas. Com a orientação divina dos anjos, você saberá como viver da melhor forma possível. Use a percepção sempre que quiser, principalmente se achar que você está fora de compasso, na dança da vida. Sempre que se deixar levar pelo ritmo frenético da vida terrena, deixe que os anjos o lembrem do deslumbre e do encantamento que é estar vivo.

• 2 •

Os Anjos que Olham por Nós

Como acima, assim embaixo;
Como embaixo, assim em cima.
— HERMES TRISMEGISTUS

Os anjos olham por nós e estão conosco o tempo todo. Eles testemunham tudo o que fazemos; no entanto, não julgam se somos bons ou ruins. Os anjos não decidem se merecemos ou não suas bênçãos; Deus já decidiu por eles. Aos olhos do Divino, nós sempre merecemos. Somos valiosos devido ao nosso nobre nascimento como seres humanos. O problema é que nem sempre nos comportamos de maneira nobre, e por isso nem sempre somos tratados dessa forma pelo mundo e por nós mesmos. Mas podemos aprender com nossos erros; podemos resolver esse problema e fazer com que a vida torne-se uma experiência divina, em que todo o nosso ser passe a ser uma oferenda para a divindade da vida, para o mais elevado bem de todas as criaturas.

Os anjos não nos julgam; eles reagem ao que somos. Eles nos respondem e relacionam-se conosco com base no nível da nossa freqüência. Nosso comportamento e nossas intenções geram determinadas vibrações. Os anjos só incentivam certas formas de consciência e certas qualidades em nosso comportamento. Eles não podem nos ajudar a atingir metas estabelecidas pela nossa ganância; só podem nos ajudar a cumprir nosso propósito mais elevado.

Se o que o faz querer ser uma pessoa espiritualizada é, entre outras coisas, a ânsia de dominar o mundo material — "tê-lo nas mãos!" —, você descobrirá que os anjos não estão nem um pouco interessados em facilitar as coisas para você. Embora eles se alegrem quando você usufrui as recompensas da existência física, esses seres estão mais interessados em ajudá-lo a *querer o que você já tem*, de uma forma criativa e abençoada. Isso não significa que você não possa ter prosperidade e abundância com consciência angélica — muito pelo contrário. Existe, porém, uma linha muito tênue entre desejar prosperidade material e ceder à cobiça, e isso tem a ver com as nossas motivações.

Quando optamos por trabalhar e brincar com os anjos, precisamos refletir sobre a questão da motivação. Trabalhar com os anjos significa sintonizar nossa vibração com esses seres e adornar nossa alma com as virtudes humanas. Ou seja, nossas motivações precisam estar de acordo com aquilo a que os anjos são sensíveis. Se você está disposto a conhecer os anjos para que assim possa livrar-se das dores e do sofrimento da vida, você vai perceber que os anjos, em vez disso, levam-no aos poucos a aceitar a dor e a descobrir a força interior que você tem para enfrentar os problemas com coragem. A princípio, seu impulso poderá ser fugir da dor, no entanto, você pode aprender a encará-la de frente e passar por uma experiência direta do que ela tem a lhe dizer. Ao despertar para a presença dos anjos, você terá chance de passar por uma experiência profunda de alegria, e descobrirá que a alegria quase sempre nasce da dor.

Não é tarefa dos anjos castigar ou "colocar nos eixos" o comportamento dos seres humanos. Se achamos que estamos sendo castigados, temos de perceber que somos nós que interpretamos nossas experiências. Quase sempre somos nós que nos julgamos, e muitas vezes nós mesmos nos incumbimos de aplicar o castigo. Os anjos de Deus nos acalentam nos braços do amor. Precisamos nos lembrar de que o amor nunca é um meio de dominar ou controlar, portanto, nossa relação com Deus não é uma luta por poder. Tudo o que é preciso é que aceitemos o amor e deixemos que ele suscite em nós a intenção de restabelecer a nossa ligação com a fonte, à nossa própria maneira. A mensagem dos anjos nos incita a voltar à morada interior do Deus amoroso, para que ele nos ampare.

Por volta da última década do movimento da Nova Consciência, milhões de pessoas descobriram que os princípios espirituais, vistos de fora do contexto religioso, podem tornar nossa vida muito melhor. Já vimos que a nossa vida pode mudar de forma radical, se fizermos mudanças radicais nas nossas atitudes. Descobrimos formas de nos fortalecer, num mundo que parece estar quase sempre de cabeça para baixo e onde é muito difícil viver. Às vezes, um despertar espiritual recém-descoberto coincide com uma época de riqueza e prosperidade material, então é natural que passemos a querer mais e achemos que nossos princípios espirituais trarão tudo o que nosso coração aspira.

Para que possamos ficar em harmonia com nós mesmos nestes tempos de mudança, e para que nossos caminhos espirituais evoluam, precisamos cultivar as qualidades da gratidão e da humildade. Ultimamente, sempre que sinto dentro de mim um fiozinho de presunção, dou a mim mesma uma lição de humildade, o que me faz enxergar o que estava evitando. Às vezes, as lições de humildade incluem uma realização dolorosa que me enche de medo; outras vezes, elas vêm em forma de uma leve e gentil cutucada. O mundo dos anjos nos leva a assumir uma postura de humildade e gratidão. Não importa o que aconteça, se nos lembrarmos dessas duas qualidades e as colocarmos em prática nos momentos oportunos, seremos capazes de enfrentar nossos desafios com muito mais desenvoltura.

. . . .

IDÉIA PRÁTICA: Gratidão e Humildade

A gratidão é a água de que você precisa para fazer brotar as sementes das qualidades divinas. A gratidão é uma “atitude nobre” que convém adotar quando você está em busca da comunhão com os anjos; eles respondem à gratidão instantaneamente. Mesmo que, de início, você não se empenhe muito para entrar em contato com eles, os anjos virão ao seu encontro e o ajudarão para que você se sinta grato do fundo do coração. Existe uma diferença entre agradecimento e gratidão. Você pode dizer “obrigado” e então virar as costas e mostrar ingratidão. Como diz o ditado: “Nosso agradecimento é medido pelo número de palavras que usamos; nossa gratidão é medida pela natureza dos nossos atos”.

Muitas pessoas acham benéfico o hábito de manter um diário de gratidão, que é como música para os anjos. Para começar um diário de gratidão, faça todos os dias uma lista de, pelo menos, cinco coisas que aconteceram e pelas quais você se sentiu grato. Você pode acrescentar à lista cinco coisas que o fizeram manter a humildade ao longo do dia — não coisas que o humilharam, mas as coisas que o fizeram parar de pensar em você como “o centro de tudo” e passar a se ver como “parte do todo”. Não é preciso que você passe a pensar menos *de* você, mas que pense menos *em* você. Quando incorporar o sentimento de gratidão e de humildade a cada dia, você fará brotar naturalmente as sementes do divino.

• 3 •

A Graça Acontece

Por trás de todo fenômeno físico
existem determinadas forças espirituais arquetípicas...
impulsos movendo-se dentro de nós por meio da natureza,
por meio dos anjos, e tocando-nos em níveis atômicos.
— TED ANDREWS, Sacred Sounds

Quando os anjos entram em contato conosco numa hora de desespero e infundem nossa consciência com amor, ocorre uma mudança que abranda nossa maneira de ver as coisas e nos ajuda a perceber que a vida é muito mais do que as pequenas preocupações humanas. Quando os anjos abençoam nossa consciência, ocorre um milagre. Nosso coração começa a se abrir como uma flor de infinitas pétalas, e descobrimos dimensões mais profundas da vida e do amor. Isso é graça.

Deus pode abençoar você com graça, não importa onde esteja ou que tipo de vida leve. Mas não podemos "exigir" que a nossa vida se encha de graça. O mesmo ocorre com os anjos: podemos conhecê-los, mas não podemos exigir que eles façam algo por nós. Mesmo assim, existem algumas coisas que podemos fazer para estar em condições de receber a graça divina e os anjos. Assim como acontece com a experiência com anjos, cada um de nós tem uma experiência única da graça; se prestarmos atenção ao que o nosso coração diz, nós a reconheceremos. Se reservarmos um tempo da nossa vida para reverenciar o mundo em que vivemos, seremos abençoados por ele.

Uma das coisas mais belas a respeito da graça é o fato de que ela não é algo que precisemos merecer. Ela não acontece porque seguimos determinadas regras; não nos visita porque fomos um bom menino ou uma boa menina, e nunca poderá ser obra de seres humanos ou controlada por eles. Como tudo que é belo, se nós a buscarmos, só ficaremos com a sensação de que a perdemos. Não precisamos sair ao encalço de Deus e dos anjos; eles estão sempre ao nosso lado, e isso já é uma graça maravilhosa. Para estarmos sempre ligados com eles, só precisamos relaxar e elevar nossas vibrações, entrando em sintonia com as qualidades celestiais, e então expressar nossa gratidão.

Não há nenhuma necessidade de se explicar a experiência com anjos. Algumas vezes a mensagem é uma troca; é simplesmente um momento em que Deus e os anjos entram em contato conosco para nos lembrar como somos amados no Céu. Muitas pessoas contam-me sobre um momento belíssimo em que entraram em contato com os anjos e então perguntam-me o que isso significa. Bem, eu não posso saber algo que só pode ser encontrado no coração delas. Então eu pergunto: "Esse encontro tem de obrigatoriamente significar algo? Não pode ser simplesmente um mero momento de amor?".

Uma tarde, minha amiga Jai e eu estávamos dirigindo por algumas ruas mais afastadas de Ojai — um lugar especial da Califórnia —, ouvindo uma fita de Judy Collins. No exato instante em que me aproximei de um pequeno lago aos pés de uma linda cadeia de montanhas, a canção *Amazing Grace* [Graça Maravilhosa] começou a tocar. Eu parei o carro e desliguei o motor, deixando que a música tocasse bem alto. Saímos em silêncio do carro e paramos sobre uma pequena elevação à beira do lago. Observamos com reverência quando um bando de pássaros surgiu, e centenas deles começaram a sobrevoar o lago, num balé de beleza, ao som dos acordes de *Amazing Grace*. O tempo passou sereno. O céu, as nuvens, a cadeia de montanhas e a terra revestiram-se de uma beleza etérea; os anjos estavam conosco.

Naquele momento além do tempo, compreendi e aceitei a vida de uma forma muito mais profunda. Tudo era intrinsecamente bom; tudo no ar parecia abençoado pelo amor. Vida e morte tornaram-se uma só coisa. Senti que eu e os pássaros que voavam éramos uma coisa só; eu era a água do lago que refletia a beleza ao redor; era a música que irradiava no éter suas poderosas vibrações. Algo me dizia que a morte do corpo era assim — uma fusão com o espírito cósmico da vida. Nada a temer, a menos que se tenha medo de sentir o amor e a paz mais puros.

Já fui abençoada com muitos momentos de graça como esse, que podem acontecer em qualquer lugar, a qualquer momento em que os anjos se fundem conosco e compartilham seu amor. Tenho participado de grupos que se reúnem para saudar os anjos, e nós já nos alçamos a alturas inimagináveis. Em momentos em que estou sozinha, sem fazer nada de especial, sinto esse amor. A graça acontece às vezes quando não estou lá muito bem e então minha atenção se volta para os olhos de um bebê ou de uma criança pequena. Não espero nem busco esses momentos de elevação, pois a graça não ocorre dessa forma. Ela simplesmente acontece. Meu falecido amigo Kip tinha uma ligação profunda, quase xamânica, com os anjos e devas da natureza. Para contradizer um adesivo de pára-choques muito popular, ele tinha inventado um, meio diferente, que dizia: "A Graça acontece".

Nunca se esqueça: A *Graça Acontece*.

IDÉIA PRÁTICA: A Graça e a Divina Providência

Existe coisa melhor do que estar em estado de graça? Quando estamos nesse estado, sentimo-nos em sintonia com a Divina Providência. Mas a graça não é algo que possamos capturar ou possuir; ela nos toca com amor e então vai embora, fazendo-nos sentir abençoados e "graciosos". A palavra *gracioso* origina-se da palavra *grato*; portanto, a gratidão também é necessária para cultivarmos a *graciosidade*. Ser gracioso significa ser naturalmente gentil e compassivo, elegante e agradável; essas são qualidades que podemos cultivar ativamente em nossa vida.

Para estimular a Divina Providência, você precisa *sentir-se grato*, não simplesmente dizer que é grato. Os anjos quase sempre são um bom modelo de graciosidade; eles são graciosos por natureza e podem nos ajudar a atingir um tal ponto de paz interior que nossa graciosidade passa a ser autêntica e real. Quando você é tocado pela graça divina, você passa a ser naturalmente grato, pois não existe nada como a alegria que você sente nesse momento. Comece a praticar a graça incondicional agindo com graciosidade, sem pensar no que vai receber em troca. Quando age dessa forma, você é gracioso para os anjos, não para receber favores de outros seres humanos. Os anjos estão sempre prontos para retribuir sua graciosidade com um momento de graciosa bem-aventurança.

• 4 •

Cultive as Qualidades Divinas

Na minha maneira de ver, humano e divino não são opostos. Quanto mais humanos nos tornamos, mais demonstramos características, qualidades e atitudes que evocam algo espiritual ou divino. Todas as formas de desonestidade, de maldade, de depravação e de imoralidade não são expressões da natureza humana, mas distorções ou perversões da natureza humana.

— HAROLD D. JESTER

Pense por um instante na idéia da natureza humana. Quais são as palavras que logo lhe vêm à mente? Seus pensamentos provavelmente vão depender das experiências mais recentes que você teve com os outros, assim como da programação que recebeu ao longo dos anos. Como sugere a citação que introduz este capítulo, considere a possibilidade de que sua verdadeira natureza humana seja divina, e de que você pode ser mais divino à medida que é mais humano. É assim que os anjos nos vêem.

Os anjos são nossos parceiros co-criativos na vida. Para que a influência benéfica desses seres possa tocar a nossa vida, temos de desenvolver qualidades e comportamentos que vibrem com a "natureza angélica". Cultivar qualidades divinas significa gerar vibrações positivas que nos elevem. Não significa que você ande por aí despreocupado, sem tomar conhecimento do que está acontecendo aqui na Terra; significa que você está aprendendo a navegar e a se manter no curso, permanecendo no presente, ficando atento a cada momento que passa e lembrando-se da sua natureza divina cada vez que toma uma decisão.

Pense nas qualidades que ressoariam naturalmente com a elevada freqüência vibracional dos anjos. Eu já dei inúmeros cursos em que as pessoas reúnem-se para entrar em contato com os anjos. À certa altura, sempre pergunto ao grupo a que tipo de qualidade eles acham que os anjos são sensíveis; que tipo de qualidade, aos olhos deles, nós podemos desenvolver ao longo da vida para estimular uma boa relação de reciprocidade com os anjos. A maioria das pessoas inclui na sua lista qualidades como amor, compaixão, tolerância, flexibilidade, honestidade, beleza, paz, bom humor, alegria e, o mais importante, gratidão. Se pensar um pouco, você verá que essas palavras representam muito mais do que conceitos; elas representam uma vibração verdadeira, que nos permite entrar em contato com a nossa divindade. Cultivando vibrações positivas, nós apoiamos nosso anjo da guarda e, em troca, recebemos muitas bênçãos.

A palavra "cultivar" significa, de acordo com o dicionário *American Heritage*, "melhorar e preparar (a terra) para o plantio; crescer ou desenvolver-se (planta ou safra); formar e aperfeiçoar, por meio da educação; e procurar familiaridade com ou a boa vontade de". A palavra que deu origem a cultivar é *colere*, um termo latino que significa morar, venerar, desenvolver e ocupar-se. Para que algo seja cultivado e cresça, é preciso antes que seja plantado ou semeado. As qualidades divinas podem ser cultivadas. Algumas delas parecem ser universais, enquanto outras são muito pessoais. Só você poderá saber quais as qualidades que lhe proporcionarão de fato uma ligação direta com os anjos. A prática dessas qualidades gera maior elevação, uma ressonância harmoniosa à qual os anjos respondem.

Para cultivar qualidades divinas é preciso disposição para deixar que os anjos guiem você na prática dessas qualidades. Se rezar à Deus, pedindo a ele que lhe permita ter uma qualidade como a capacidade de perdoar, então você será levado a prestar atenção a todas as ocasiões e circunstâncias em que precisa perdoar. Se quer ter abundância, você não pode viver só com a idéia de acumular. Se quer praticar a gratidão, é preciso que você a tenha sempre no coração. A gratidão sincera só traz coisas boas e irradia vibrações positivas e benéficas por toda parte.

As vibrações positivas são importantes para todas as nossas afirmações, para o trabalho de cura e para o trabalho que fazemos com um objetivo definido. Por exemplo, usar uma "energia mortífera" para "consertar o que está errado" e tentar restaurar o equilíbrio dessa forma não é a melhor forma de atrair os anjos. A mensagem que a sociedade nos transmite geralmente é "livre-se da dor", "acabe com seus inimigos", "livre-se desse tipo de pensamento" e "mate as células cancerosas". Usar essa "energia mortífera", imaginando que dessa forma podemos, por exemplo, destruir células com câncer, pode não ser a forma mais eficiente de alterar a química do nosso corpo. As pessoas que estudam os efeitos do pensamento e das preces sobre as células descobriram que a energia do amor transmite a elas uma mensagem para que voltem ao equilíbrio, ao passo que a "energia mortífera" só tende a perpetuar o desequilíbrio. Equilíbrio e plenitude são a chave para a cura.

Se queremos provocar uma mudança positiva, precisamos dar uma olhada no quadro todo. Na nossa busca por poder pessoal, muitas vezes deixamos que nosso ego guie nossos passos. Não paramos para olhar todos os possíveis resultados que as nossas ações podem trazer ao mundo à nossa volta. Procure dar uma boa olhada nos efeitos das suas ações. Elas por acaso revelam um desejo de competir ou de levar vantagem sobre os outros ou têm segundas intenções?

Quando fazemos afirmações, rezamos ou queremos alguma coisa, é muito bom lembrar que essas afirmações precisam refletir uma mudança espiritual que *nós* estejamos dispostos a fazer interiormente. Em geral, queremos que ocorram mudanças nos eventos externos e as exigimos por meio de preces e de afirmações. Mas Deus tem em mente planos muito mais interessantes com relação a nós, e eles se realizam por meio da nossa fé, confiança e disposição para mudar. Para receber as bênçãos de Deus, precisamos saber como ir ao encontro delas e reconhecê-las. Às vezes, no último minuto, quando estamos prestes a desistir, os anjos intercedem junto a Deus para nos enviar as mais elevadas dádivas.

. . . .

IDÉIA PRÁTICA: Cultive as Qualidades Divinas

A pessoa que cultiva qualidades divinas é alguém que granjeia a experiência angélica, porque é a isso que os anjos respondem. É de fato muito simples. Se estamos cheios de raiva, ressentimento e ódio, como os anjos encontrarão espaço para dançar na nossa consciência? Se estamos continuamente fazendo coisas para reprimir nossa alma e nosso espírito, como os anjos podem fazer parte da nossa vida? Esses seres celestiais nunca nos deixam, mas nós podemos dificultar seu contato conosco. Ainda assim, os anjos esperam pacientemente pelo momento em que decidimos nos despojar do peso que carregamos nos ombros e nos voltamos para o Divino. Nesse instante, eles se regozijam pelo fato de termos feito, *por nós mesmos*, a opção de abrir o coração.

Escolha uma das qualidades divinas que mencionamos neste capítulo. Você pode escolher o amor, a paz, a gratidão, o bom humor, a alegria, a compaixão ou qualquer outra qualidade positiva que eleve a alma. Concentre-se na qualidade que escolheu assim que começar o dia. Cultive-a e dedique-se a ela ao longo do dia, com toda a sua atenção. Antes de dormir, repasse mentalmente todas as dádivas que essa qualidade lhe trouxe diretamente dos anjos.

"Se queremos promover uma mudança positiva, precisamos dar uma olhada no quadro todo.

Procure dar uma boa olhada nos efeitos das suas ações. Elas por acaso revelam um desejo de competir ou de levar vantagem sobre os outros, ou têm segundas intenções?

Quando fazemos afirmações, rezamos ou queremos alguma coisa, é muito bom lembrar que essas afirmações precisam refletir uma mudança espiritual que nós estejamos dispostos a fazer interiormente. Em geral, queremos que ocorram mudanças nos eventos externos, e as exigimos por meio de preces e de afirmações. Mas DEUS tem planos muito mais interessantes para nós, e eles se realizam por meio da nossa fé, confiança e disposição para mudar. Para receber as bênçãos de DEUS, precisamos saber como ir ao encontro delas e reconhecê-las. Às vezes, no último minuto, quando estamos prestes a desistir, os Anjos intercedem junto a DEUS para nos enviar as mais elevadas Dádivas!"

• 5 •

Discernir Deus

Nada limita a ascensão do homem; os patamares mais elevados se estendem à frente de todos e de cada um de nós. Atingi-los ou não só depende da nossa vontade.

— DITADO HASSÍDICO

É bem possível que, na infância, você tenha ouvido a advertência: "Se não tiver nada de bom para dizer, é melhor não dizer nada". Por que nos diziam isso? Hoje em dia, se queremos fazer um comentário não muito agradável, somos lembrados: "Não julgueis para não serdes julgados", um verso da Bíblia extraído do Evangelho de São Mateus.

Consideramos uma pessoa "legal" quando ela faz o que queremos que ela faça. Quando sai da linha, provavelmente questionamos se ela era de fato tão legal quanto julgávamos. Ensinamos isso para as crianças vezes sem conta: "Ora, ora, quem foi o tio legal que lhe deu este brinquedo?!" Levamos esse conceito de "pessoa legal" até para o reino dos anjos e de Deus: se o Divino leva em consideração nossas condições e nossas exigências, os anjos são "caras bem legais";

caso contrário, eles são uns malvados. A verdade, no entanto, é que os anjos são simplesmente honestos; eles não têm nenhuma intenção de ser "caras legais".

Já encontrei muitas pessoas "legais" que afetaram a minha vida de uma forma nada "legal". Agora, como eu cheguei a essa conclusão? Estou julgando essas pessoas? Suponho que, no sentido exato da palavra, estou. A palavra *juiz* origina-se de dois termos latinos que significam lei e falar; basicamente, ela quer dizer "aquele que expressa a lei". Julgar em geral inclui ser crítico e é isso que nos deixa ofendidos, e com razão. Existe um criticismo virulento no mundo de hoje, e isso pode arrasar uma psique mais sensível. As palavras são instrumentos poderosos; precisamos ter cuidado com elas. Timothy Leary uma vez disse: "As palavras são uma embalagem frágil que têm de transportar os impulsos mais profundos do homem".

Toda crítica é um julgamento? Todos os julgamentos são criticismo? Uma observação é um julgamento? Um sentimento pode ser um julgamento? E se você visse alguém e tivesse a súbita certeza de que há algo de errado com essa pessoa? Você estaria fazendo um julgamento? Estou mencionando tudo isso porque precisamos aprender a diferenciar as coisas que têm vibração divina das que não têm. Ter uma vibração divina não tem nada a ver com o fato de ser ou não "legal". A vibração divina pode ser uma vibração de dor, porque a dor é um mestre que pode nos levar à alegria. Cabe a cada um de nós ser verdadeiro para consigo mesmo e saber o que nos oferece uma experiência do amor divino e o que não nos oferece.

Saber discernir entre essas duas coisas significa ser lúcido e perceptivo. *Discernir* significa, literalmente, separar peneirando (*dis*: prefixo que indica separação; *cernere*: peneirar). Discernir é uma questão de notar diferenças. Compreender verdadeiramente uma situação, usar mais do que a mente apenas. Que mensagem seu corpo está enviando? Até que ponto seu coração está aberto? Seu espírito sente-se livre ou oprimido e abatido? Seu corpo está captando um sinal de perigo ou está confiante? Você está sendo comandado ou manipulado? As interpretações são uma tarefa sua, mas esse tipo de trabalho interior pode se provar valioso para qualquer um que esteja no caminho espiritual.

Algum tempo atrás, recebi, sem que houvesse solicitado, um conselho de alguém que me disse que uma certa pessoa da minha vida estava "impedindo que a minha vibração se elevasse". Bem, essa frase ficou na minha cabeça, não porque achei que isso fosse verdade, mas porque eu questiono a maneira como nós às vezes usamos conceitos espirituais para criticar ou julgar os outros. Jesus conviveu com um grupo bem heterogêneo de pessoas. Ele não se afastava das pessoas só porque não estavam se comportando de uma forma "espiritualizada", nem as colocava de lado porque não vibravam no mesmo nível que ele. Sua aceitação do "profano" transformou o coração de muitos. Jesus teve uma vida curta, mas extremamente humana; ele foi honesto e se manteve muito próximo a Deus.

No que diz respeito ao fato de alguém estar impedindo minha vibração de se elevar, isso me parece uma desculpa das mais convenientes. A uma certa altura, todos nós precisamos arcar com a responsabilidade pela nossa própria vibração, e perceber que, se estamos nos sentindo abatidos, isso não é necessariamente em virtude da presença de alguém em particular; é, isto sim, o resultado de termos nos deixado abater. Também precisamos questionar se o fato de estar "bem" é de fato algo bom, e também o contrário: se o fato de estamos "mal" é de fato ruim. Afinal, às vezes aprendemos lições importantíssimas quando estamos no fundo do poço, totalmente imersos na experiência humana.

Quando os anjos entraram em contato com a minha consciência, deixando ali sua marca indelével, ocorreu-me que a experiência humana é algo muito importante que precisamos honrar. Já tentei elevar minha vibração das mais variadas formas. Mas, quando os anjos tocaram o meu coração, tive a profunda certeza de que tudo que fiz não era um meio de se alcançar um fim espiritual. Não podemos evitar a experiência humana simplesmente elevando nosso espírito acima dos acontecimentos mundanos. Os problemas não desaparecem dessa forma, e nem as experiências por que temos de passar.

As vidas humanas são confusas e imprevisíveis. As pessoas muitas vezes fazem exatamente o oposto do que acreditam que seria bom para elas. Mas e se for exatamente isso que elas precisam fazer para evoluir? Só porque evoluem de modos diferentes, isso não significa que não estejam evoluindo. Quando falei sobre elevar nossa vibração para entrar em contato com os anjos, não quis dizer que se tratava de um julgamento. Considero essa atitude como um sinal de respeito, de quem está honrando a experiência humana, e não evitando-a.

. . . .

IDÉIA PRÁTICA: Discernimento e Não-Julgamento

Ultimamente, você parece que foi infectado pela doença do "legal"? Às vezes, achamos que a vida não tem sido "legal" conosco. Todas as pessoas que encontramos e todas as situações em que caímos são avaliadas de acordo com o quanto foram "legais" conosco, e nada é de fato do jeito que gostaríamos. Mesmo quando acontece algo verdadeiramente bom conosco, se estivermos presos à idéia de que o Universo é um lugar nada amistoso, estaremos mais preocupados em procurar meios de negar o bem que nos foi concedido.

Analise a forma como você se relaciona com o mundo e com as outras pessoas. O que você espera da vida? O que está disposto a aceitar dos outros? O Universo não é nem "legal" nem ruim. Ele simplesmente é. Procure se sentir melhor consigo mesmo, com seu corpo, com seu anjo da guarda e deixe que os outros sejam o que são. Pessoas "legais" ou malvadas, quem se importa? Vamos deixar de lado julgamentos acerca de ser ou não "legal". Se as outras pessoas lhe parecerem perigosas, então mantenha distância. Saiba o que faz bem para você e o que não faz. Procure abandonar as expectativas negativas, deixando que o positivo as substitua naturalmente. Como diz a sabedoria chinesa: "Pare de esperar e você receberá tudo".

• 6 •
MISTÉRIO E MILAGRES

Quem é mais louco? Aquele que ouve o trovão e diz que ouviu Deus ou aquele que ouve Deus e diz que ouviu um trovão?

— ANÔNIMO

Nestes últimos doze anos, tenho falado sobre anjos e milagres a muitas pessoas. Um tema está sempre em primeiro plano na minha cabeça: a idéia de que Deus está fazendo algo transformador *nos tempos de hoje*, assim como aconteceu nos templos bíblicos ou quando Cristo caminhou sobre a Terra. Tomei conhecimento dessa idéia por meio de estudiosos do Cristianismo, que dizem ser impossível negar o fato de que algumas experiências com anjos por que as pessoas estão passando são milagres parecidos com os que Jesus fez. Também ouvi essa idéia da boca de pessoas que são obcecadas pelo fato de que estarmos nos aproximando de um novo milênio, de acordo com o calendário gregoriano.

O novo milênio já está aí. O vento da mudança está varrendo o planeta. Até as condições meteorológicas estão cooperando para isso. Por outro lado, não é nenhuma surpresa o fato de acharmos nossa época significativa, afinal, ela é tudo o que conhecemos. Talvez tenham ocorrido maravilhas dessa magnitude em todas as épocas. Porém, na atual sociedade ocidental, algo significativo *realmente* está acontecendo. Talvez seja o fato de estamos reservando mais tempo para contemplar as coisas do espírito. Temos um nível de conforto maior em virtude da tecnologia, o que permite que passemos mais tempo pensando.

Os seres humanos sempre tentam dar respostas absolutas para as coisas. No reino dos milagres, isso é total perda de tempo. Como podemos provar que ocorrem mais milagres hoje do que há mil ou dois mil anos? Não há provas de que a vida transcenda as três dimensões em que vivemos. Não existe um modo de se provar um milagre, pois sempre existe alguém que prove o contrário, reestruturando a verdade, assim como os advogados fazem com os fatos quando não querem que os jurados pensem muito num determinado assunto. E sempre existem os conhecidos charlatões, que nos fazem acreditar que uma ilusão é um milagre. Por isso, é fundamental manter o coração aberto para o que é milagroso. Assim *saberemos* que trata-se de fato de um milagre e não precisaremos prová-lo ou refutá-lo.

Deixaremos de ver algo realmente importante, caso insistamos em provar os milagres de Deus. Podemos fazer tudo para negar as coisas do espírito, mas elas exercem um efeito real sobre a nossa psique. Não importa o que a mente afirme, encontraremos o espírito em sonhos, nas nossas escolhas inconscientes e nas mensagens do anjo da guarda. Nossa psique é parte da *animus mundi*, a alma do mundo. Mesmo que não goste da idéia de que estamos todos interligados, você *será afetado* pelo que está se passando na psique coletiva. A questão é que passamos por coisas que não são palpáveis, embora tenham um grande poder de influência sobre a nossa vida. É por isso que atuamos em vários níveis de consciência e nem sempre reconhecemos ou usamos uma grande parte da nossa existência de uma forma construtiva.

Como saber que uma experiência com anjos, um milagre ou uma mensagem de Deus é de fato real? Que conseqüências trazem esses tipos de experiência? Depois de passar por uma delas, você sentiu uma paz tão profunda que relaxou cada célula do corpo? Durante a experiência você sentiu alegria, vontade de rir, amor, gratidão ou admiração? Então por que discutir? Fico louca quando uma experiência pura e sincera é contaminada com explicações de alguns especialistas que chegam querendo discutir "o que de fato aconteceu". Somos os únicos que sabemos a verdade acerca de nossas experiências, principalmente quando se trata de experiências com o Divino.

Quando fui testemunha de milagres do Céu, brotou em mim um sentimento de verdadeira humildade que me fez ter certeza de que eu não deveria falar a respeito. Também acho interessante que, de todas as maravilhosas histórias de anjos que já me contaram, aquelas cujo caráter transformador pareceu-me mais surpreendente foram a mim relatadas em particular. Isso aconteceu, inclusive, pouco tempo atrás, depois de um curso que dei. Um jovem que parecera muito disposto a falar ao grupo sobre detalhes de sua vida pessoal esperou até o final do curso para falar em particular comigo sobre uma experiência de quase-morte pela qual passara. Ele contou-me que a experiência ocorrera depois de uma crise de insuficiência renal, quando ele tinha 4 anos de idade, e que, na ocasião, Jesus aparecera para ele. Às vezes, nossas experiências são tão profundas e sagradas que é melhor as guardarmos como uma jóia preciosa, em vez de exibi-las para que todos as vejam.

As pessoas mais "espiritualizadas" que conheci ao longo dos anos raramente demonstraram necessidade de explicar coisas ou de chamar atenção com relação a eventos "sobrenaturais" que aconteciam à volta delas; elas em geral estavam muito ocupadas trabalhando ou se divertindo. Você poderia entrar na casa delas, sentir uma fragrância tão pura e extasiante que seria levado a perguntar que incenso era aquele. Elas poderiam talvez responder que não havia nenhum incenso aceso; eram os anjos. E não dariam mais nenhuma explicação, passando a falar sobre outro assunto qualquer. Os anjos sentem-se à vontade perto de pessoas que não têm necessidade de explicar nada. Eles gostam especialmente quando as pessoas olham para Deus em vez de ficar projetando nele poderes mágicos.

Eu uma vez fiz parte de um grupo muito especial que estudava as mulheres mencionadas na Bíblia. A professora era uma pessoa realmente espiritualizada e, a cada encontro, algo místico acontecia, elevando nosso espírito. Um dia, um homem apareceu na porta da capela enquanto a professora falava. No momento em que nos voltamos para olhá-lo, o sol o iluminava por trás, fazendo com que ele brilhasse como uma visão. O mais interessante era que, embora vestisse andrajos, enquanto esteve parado à porta, iluminado pelo sol, era como se Jesus estivesse ali. Sem interromper seus ensinamentos, a professora gentilmente o convidou para entrar, e ele sentou-se em silêncio, no fundo da nave. O clima era de absoluta iluminação e o tempo parecia suspenso. Ali estava um homem que a maioria das pessoas evitaria se o visse na rua, mas que tinha nos concedido um vislumbre de Jesus. Ele ficou ali ouvindo a aula e então deslizou para fora à certa altura. Ninguém sentiu necessidade de falar sobre o incidente ou explicá-lo; tudo que fizemos foi conservar um sorriso nos olhos e no coração.

. . . .

IDÉIA PRÁTICA: Um Sentimento de Mistério

O hábito de cultivar um sentimento de mistério manterá seu coração jovem e eternamente feliz. Se aprender a saudar o Mistério, sem exigir que ele se explique ou lhe dê o código secreto para desvendá-lo, você será abençoado com o deslumbre e o encantamento. O fato é que, se viver procurando explicações, você estragará muitas das experiências da vida. A palavra *ex-plain* (explicar, em inglês) significa, basicamente, deixar plano. E se o mundo fosse plano e não pudéssemos ver nada? Isso seria tão interessante quanto escalar montanhas e descobrir vales ocultos? Eu quero mistérios, a montanha com suas cavernas e perigosos despenhadeiros; não quero nada explicado ou plano.

Livre-se da armadilha de querer explicar tudo. Diga "não sei" pelo menos uma vez por dia. Se alguém pedir que você se explique, diga: "Devem ser os anjos". Lembre-se das palavras de Mary Poppins: "Antes de tudo, gostaria de deixar uma coisa muito clara: eu nunca explico nada". Tente passar um dia inteiro sem se explicar. Pratique o hábito de deixar que as coisas voltem aos devidos lugares sem a sua intervenção.

• 7 •

Brincando nos Campos da Psique

Todas as pessoas têm de viver sua vida interior de uma forma ou de outra. Se formos para esse reino conscientemente, isso ocorrerá por meio do nosso trabalho interior: preces, meditações, análise dos sonhos e exercícios de Imaginação Criativa. Se tentarmos ignorar nosso mundo interior, assim como faz a maioria de nós, o inconsciente encontrará, na nossa vida, o caminho que leva até ele, por meio da patologia: sintomas psicossomáticos, compulsões, depressões e neuroses.

— ROBERT A. JOHNSON, Inner Work

Na mitologia grega, Psiquê representa a personificação da alma que é amada por Eros e acaba tornando-se imortal, ao se casar com ele. A imagem clássica de Psiquê a mostra com uma lamparina na mão, procurando por Eros. Nesse mito, Psiquê foi advertida para que não olhasse para Eros, mas a curiosidade foi mais forte e ela iluminou-lhe as faces enquanto ele dormia. Eros, então, fugiu de Psiquê no mesmo instante e ela teve de se esforçar muito para voltar a se unir a ele. O mito de Psiquê é considerado uma alegoria da jornada da alma, desde a bem-aventurança da pré-consciência até a dor da existência consciente, e de volta à bem-aventurança da vida eterna que acompanha a morte terrena. Um outro símbolo da psique como alma é a borboleta e a metamorfose pela qual ela passa para despertar seu poder de voar com asas de luz opalescente.

Nos misteriosos subterrâneos da nossa consciência, num nível não-lógico, não-linear e não-intelectual, os anjos falam conosco por meio de imagens, sentimentos e lampejos de conhecimento interior. A psique só pode ser liberada pela luz da consciência, que conduz ao amor, e os anjos são, antes de mais nada, seres de luz e de amor. Eles tornam-se, portanto, nossos guias, que nos levam através das brumas veladas do "mundo intermediário", com a lâmpada da consciência, até o amor — o amor por nós mesmos, o amor pela vida e o amor pela verdade divina.

Temos um conhecimento instintivo da psique, do espírito, do coração e da alma, embora não sejamos capazes de dominar esses conceitos no nível intelectual. Isso porque, como mencionou James Hillman, eles "não são conceitos verdadeiros; são símbolos que evocam significados que estão além de qualquer sentido que possamos dar a eles por meio de definições". Com relação a definições, é interessante dar uma olhada no *Oxford American Dictionary*, em que a palavra *psique* é definida simplesmente como "A alma ou espírito humano; a mente humana". *Alma* é definida da seguinte forma: "Elemento espiritual ou imortal numa pessoa; natureza mental, moral ou emocional de uma pessoa; personificação de um padrão; e, finalmente, pessoa. (por exemplo, 'não havia nem uma alma por perto')".

O dicionário começa sua definição de *espírito* com o seguinte: "Mente ou sentimentos de uma pessoa ou princípio animador quando distinto do corpo dela". Há uma lista de qualidades que definem o termo *espírito*; algumas são parecidas com a da definição de alma, embora espírito seja o aspecto que nos diferencia do corpo. O espírito denota uma parte da nossa natureza que não está tão fortemente ligada ao físico quanto a alma pode estar.

Nossa energia psíquica está em atividade 24 horas por dia. Quando acordamos pela manhã, nossa psique nos sussurra mensagens e imagens; e quando dormimos, ela fica livre para vagar pelos campos infinitos da consciência e enfatizar suas mensagens durante os sonhos. Em geral, acredita-se que a psique englobe tanto o consciente quanto o inconsciente. Gosto de pensar nela como um depósito da nossa energia invisível, uma mistura de alma e espírito, com as propriedades metafísicas da nossa mente e as experiências físicas do nosso corpo.

Existe uma mensagem agigantando-se nas profundezas da nossa mente, afirmando que só usamos uma pequena porcentagem da capacidade do nosso cérebro, algo em torno de 10%. Não parece bizarro o fato de que algo tão indefinível possa ser medido e apontado por meio de números? Essa mensagem assalta-nos com o sentimento de que não estamos vivendo de acordo com o nosso potencial; de que, de alguma forma, deveríamos estar fazendo mais ou fazendo outra coisa completamente diferente. Bem, eu acho que *estamos* usando o restante do nosso cérebro, embora não o conheçamos de forma consciente e intelectual. Isso porque ele está além das fronteiras do reino das explanações. Também acho que não existe um meio de evitarmos usar a massa cinzenta que nos foi dada; afinal de conta, trata-se de um tecido vivo. E se nos informarmos melhor a respeito de toda genialidade da nossa psique, viveremos de uma forma mais natural, mais de acordo com nossa própria natureza e com a natureza da vida.

Quando procuramos viver em harmonia com as forças ocultas que influenciam de modo tão exacerbado a nossa vida, descobrimos que é muito difícil rastrear essas forças e impossível controlá-las. Entender o impalpável, o invisível, é uma tarefa para a imaginação. Temos de ter cuidado para não sufocar o oculto com rótulos, explicações enfadonhas e respostas; em vez disso, podemos soltar nossa imaginação e aprender a reverenciar e honrar diariamente o oculto. Se queremos entender a psique, temos de aceitar conviver com muitos mistérios insolúveis, o que é bom, pois os mistérios sempre trazem uma nova dimensão de excitamento à nossa vida. Precisamos nos lembrar de que entender não é o nosso destino final; é uma jornada de exploração.

IDÉIA PRÁTICA: Conheça seus Eus

Quando começamos realmente a pensar nisso, vemos que no oráculo de Delfos deveria estar escrito: "Conhece teus *eus*", não simplesmente: "Conhece a ti mesmo". Não podemos escapar do fato de que somos seres multidimensionais e multissensoriais. Nossa psique nos lembra do misterioso sentimento: somos muito mais do que nosso eu da vigília, na terceira dimensão; temos companhias invisíveis. Não importa o quanto organizemos a nossa vida, as partes de nós que desconhecemos podem começar a nos criar problemas. Jean Houston nos lembra de que: "se a esquizofrenia é uma doença da condição humana, então a polifrenia — que é a orquestração de nossos muitos eus — representa a saúde".

Comece já a explorar as muitas dimensões de quem você é. Agora que os anjos estão na sua consciência, comece a conhecer seus eus. A natureza da vida humana é como pintar com as mãos: temos de sujá-las e nos divertir. Faça anotações regularmente num diário, preste atenção aos seus sonhos e reserve algum tempo para meditar. Esses são métodos eficazes para você começar a se ligar com a parte mais profunda da sua psique.

• 8 •

Fantasias da Nossa Imaginação

Num encontro anual da Associação Americana de Astronomia, astrônomos relataram a descoberta dos maiores corpos já observados no universo... Será que esses corpos de luz não poderiam ser uma grande revelação do Anjo — às margens dos nossos sistemas de explanação, no momento em que eles estão entrando em colapso, na epítome desse mesmo jeito de pensar — com relação à física dos níveis energéticos cósmicos, da luz, que inicialmente convidou o Anjo a se retirar?

— ROBERT D. ROMANYSHYN, The Angels

De vez em quando, sinto como se estivesse procurando me lembrar de algo importante. Às vezes, é como se uma parte de mim estivesse faltando; tenho vagas lembranças dessa parte, como se ela fosse um sonho. Em outras ocasiões, uma sensação de que preciso de alguma coisa brota em mim, quase que saída do nada, e eu não sei como satisfazer essa necessidade. Nesses momentos, se eu procuro fora de mim uma resposta ou satisfação, sinto-me muito distante da minha busca original. Mas quando busco orientação dentro de mim mesma, por meio de um trabalho interior, sinto-me muito próxima dessa busca e com mais esperança de chegar a algum lugar.

Se você está interessado em anjos, então sabe que muito do seu interesse em entender esses seres é algo que vem de dentro, do seu inconsciente. Uma vez, durante uma entrevista de rádio, um ouvinte irado disse-me que meu interesse por anjos era "tudo coisa da minha imaginação". Respondi que concordava com ele, e que eu considerava a minha imaginação como o lugar em que estava a verdade, e não como um contêiner fechado, que tivessem acoplado ao meu cérebro posteriormente, e cujo conteúdo não passasse de um monte de coisas inúteis. Acho que as pessoas não se dão conta do que estão dizendo quando usam a expressão "Isso é tudo coisa da sua imaginação", para desacreditar a experiência de outra pessoa ou delas próprias. Certamente a imaginação é um conceito difícil de se lidar; ela não segue as regras do jogo e geralmente nos apresenta coisas com as quais nós e as outras pessoas ao redor não sabemos o que fazer.

As crianças cujos pais nunca falaram sobre anjos ou sobre Deus quase sempre começam a falar sobre os anjos, sobre Deus e sobre guias espirituais como se isso fosse a coisa mais natural do mundo. Os pais geralmente as interpelam: "*Quem* disse isso a você? Quem encheu sua cabeça com essas idéias?" Em geral a resposta é : "Não sei". Alguns pais ficam realmente aborrecidos quando os filhos começam a falar essas "bobagens", mas outros passam a ter mais reverência pelos anjos e deixam que os filhos cresçam com consciência da existência desses seres.

Crianças muito pequenas não sabem a diferença entre *dizer* e *mostrar* e geralmente não entendem quando alguém lhes pergunta como elas sabem algo. Trabalhei por anos num jardim de infância e, quando queríamos que as crianças se expressassem, pedíamos que fizessem um desenho e, se quisessem, podiam se levantar e *mostrar* o que tinham criado. Em geral, se você usa a palavra *dizer* em vez de *mostrar*, as crianças não têm muito a dizer. Mas, quando elas podem mostrar, então se abrem e expressam o que sentem. Mesmo quando o desenho que fazem parece um monte de rabiscos, a criança que o fez tem as coisas mais variadas para dizer sobre ele. É especialmente interessante quando uma criança faz um desenho sobre um sonho e então mostra-o a todos.

Quando eu pedia para que as crianças desenhassem figuras de anjos, elas geralmente os retratavam com asas, velando crianças enquanto estas faziam alguma atividade. Quando meu sobrinho tinha uns 4 anos de idade, ele fez para mim (sem que eu pedisse) um desenho dele mesmo, jogando beisebol, e de um anjo pairando sobre ele e observando o jogo. Se perguntar a uma criança que desenha anjos se todo mundo pode ver os anjos que pairam sobre eles, a resposta pode ser sim ou não. Elas sabem que algumas pessoas não podem vê-los, e que outras podem.

Meu objetivo ao fazer esse comentário é dizer que a imaginação não faz sentido numa forma linear, fácil de explicar. Mas isso importa? Será que precisamos desprezar a imaginação só porque os olhos físicos não podem captar uma imagem tridimensional de alguma coisa? Contudo, as pessoas acham que estão sendo inteligentes quando ignoram a imaginação em favor de algo mais concreto ou que supostamente foi denominado como fato ou estudado pela ciência. A Albert Einstein, considerado uma das mentes mais geniais que já existiu, foram atribuídas as seguintes palavras: "A imaginação é mais importante do que o conhecimento".

Muitas vezes usamos a palavra *fantasia* associada à palavra *imaginação*. A fantasia é uma ficção, uma invenção ou fábula. Minha pergunta é: Como podemos saber se uma fantasia não existe de verdade numa realidade simultânea? Em nossa cultura, temos sido treinados para ser literais e para ter domínio sobre os sentidos, certos de que nossa percepção da realidade é a única que existe. Bem, ela não é. Se deixarmos de querer assumir o lugar do motorista do Universo, viveremos momentos em que teremos um conhecimento intuitivo de como é ampla a imaginação de Deus. Depois de passar por alguns momentos como esses, nunca mais desprezamos algo por considerarmos uma simples fantasia.

. . . .

IDÉIA PRÁTICA: Imaginação e Verdade

Quando soltamos a imaginação, a vida torna-se mágica e envolvente. O que há de errado com o fato de se ter uma história ou um mito sobre a razão por que o sol nasce no céu ou por que existem as estações? É prejudicial dizer a uma criança que uma cegonha a trouxe quando nasceu? Ela vai achar que você é um mentiroso, quando crescer e descobrir que a verdade é um pouquinho diferente? A verdade é uma coisa engraçada. As pessoas sempre têm sua própria versão da verdade, na qual elas podem acreditar piamente. O que nos faz acreditar em algo? É o que podemos ver, tocar ou ler em algum lugar? Reserve algum tempo para pensar no que faz soar a sua campainha da verdade.

Existe um equívoco com relação à imaginação: se algo só existe na nossa imaginação, então achamos que aquilo não se baseia na verdade e, portanto, não pode nos afetar. A única forma de algo de fato ter o *poder* de nos afetar é pela nossa imaginação. É preciso que tenhamos uma história ou um ponto de referência para que sejamos afetados, e essas coisas vêm dos domínios da imaginação. Ter imaginação é muito mais do que ser esperto e ter idéias. Usamos nossa imaginação para fazer uma imagem de nós mesmos com relação ao mundo à nossa volta. Procure formas de usar sua imaginação e de criar uma nova história a respeito da sua vida e das suas atividades diárias. Abra-se e deixe que os anjos cooperem com você.

• 9 •

Ser um Reflexo do Mundo

Como o coração humano está sedento pela imagem de uma Mãe Divina que, como um cordão umbilical, volte a nos ligar ao Útero do Ser, restaurando o sentimento perdido de confiança e de inclusão numa dimensão que pode estar além do alcance do intelecto, embora nos seja acessível por meio dos nossos mais profundos instintos.

— ANDREW HARVEY E ANNE BARING

Nossa psique tem uma qualidade reflexiva quando se volta para "o mundo como um todo". Refletimos de uma forma toda particular o que está acontecendo globalmente. Pense no planeta, no globo, como uma psique central à qual todos nós estamos ligados. Quando novas informações são armazenadas nessa psique global, todos somos afetados, de uma forma passageira ou profunda.

Sempre que ocorre um salto tecnológico, isso se reflete na nossa psique. Quando explode uma guerra devido a um conflito religioso ou territorial, isso causa uma descarga de energia na nossa psique. Podemos olhar esse fato mais de perto e descobrir que refletimos o que acontece na nossa cidade, no nosso bairro, na nossa família e na nossa casa. Esse reflexo mostra-se de formas únicas em cada uma das nossas vidas, por meio dos sonhos, da arte, e até do modo como nos comportamos. As imagens podem ser assustadoras quando pensamos em todas as coisas que estão acontecendo neste mundo e que podem estar sendo refletidas pelo espelho da nossa psique.

O que fazemos com as imagens negativas e com as situações terríveis que acontecem ao redor do mundo? Buscamos uma forma de equilíbrio em nossa própria psique, para que a negatividade não tenha controle sobre nós. Mantemos nossa energia o mais harmoniosa possível, voltando-nos para a Divina Providência. Desse modo, deixamos uma marca benéfica na *anima mundi* — a alma do planeta.

O escritor Joseph Campbell afirmou: "O espírito não é insuflado no homem a partir de fora; ele surge do modo de viver de um coração nobre; é uma qualidade inerente ao homem". A maior parte das coisas consideradas divinas deixou a Terra, durante o curso da história. Maria, a Mãe de Deus, tem agora os Céus como morada; os anjos vivem nas nuvens com Deus e com Jesus. Isso é simbólico, e os símbolos são poderosos e belos. No entanto, esses símbolos também têm um lado obscuro. Como eliminamos da Terra todos os nossos valores sagrados, passamos a tratá-la com descaso, deixando de vê-la como algo sagrado. Devido à nossa crença de que o planeta é meramente uma morada passageira, temos tomado atitudes de usura com relação aos seus recursos.

Nos Estados Unidos, dizemos que somos uma nação *sob* Deus, não necessariamente inferior em estatura, mas que submete-se a Ele enquanto estamos aqui embaixo na Terra, para que possamos vir a nos reunir a ele lá em cima, e compartilhar nosso pendor por exterminar todas as coisas mundanas da Terra. Uma parte da nossa mente planetária parece estar em guerra com a Terra; o planeta parece ser visto como um inimigo que precisamos temer e dominar, e sabemos que não será uma morte fácil. Isso é um grande problema para aqueles entre nós que querem integrar o sagrado à própria vida, pois os seres humanos tem de descobri-lo e vivê-lo aqui na Terra.

Para que integrar o sagrado à nossa vida e seguir um caminho espiritual? Nossa alma talvez queira que vivamos uma vida espiritualizada porque ela anseia por uma comunhão verdadeira com Deus e com os anjos. Nosso espírito pode buscar meios de se elevar aos céus. Nossa mente lógica pode nos convencer de que é bom seguir um caminho espiritual porque só conseguimos ter as coisas boas da vida vivendo uma vida correta. Nosso corpo pode nos mandar mensagens a respeito do que ele precisa, por meio da dor, das doenças e coisas afins, como uma forma de dizer: "Conscientize-se mais da forma como você trata o seu templo".

Nosso coração e nosso corpo etérico já estão ligados ao Divino, mas nós podemos desenvolver certas qualidades que aceleram nosso crescimento espiritual e entendimento do divino. Podemos achar que às vezes ficamos frustrados, querendo saber por que alguém precisa se importar com essas coisas. Existem momentos em que só temos vontade de fugir para o topo de uma montanha, criar asas e alçar vôo. Justo quando achamos que o absurdo já foi longe demais, encontramos um anjo e nos damos conta de que o Céu está no nosso coração e, como seres humanos, podemos criar o Céu aqui e agora.

. . . .

IDÉIA PRÁTICA: Volte-se para o Seu Mundo Interior

Nosso conhecimento não se baseia apenas no que sabe a mente da vigília. Temos um mundo particular dentro de nós. Como satélites de comunicação em miniatura, estamos constantemente recebendo e transmitindo informações tanto no nível consciente quanto inconsciente. A idéia de que o Reino dos Céus está dentro de nós significa que Deus vive dentro de nós de uma forma original e característica. É no mundo interior que descobrimos nosso espaço sagrado; é onde cultivamos o solo para semear as qualidades divinas.

Voltar-se para o seu mundo interior é a chave para que você se sinta pleno e centrado em si mesmo. Fazer meditação, rezar, analisar os sonhos, fazer trabalhos artísticos, dançar, cantar, entoar cânticos ou mantras, sonhar acordado e praticar jardinagem são caminhos para os reinos interiores, onde podemos achar tesouros preciosos que às vezes nos surpreendem. Escolha uma ou mais dessas atividades para se habituar a explorar seu mundo interior. Mas não se engane: o que funciona para você, nessa viagem interior, pode não ser a melhor escolha para outras pessoas. Reserve algum tempo para ficar a sós consigo mesmo. Não o tempo todo, é claro. O resto da humanidade gostaria de poder ver você de vez em quando! Temos de sair pelo mundo e compartilhar nossos dons depois de os encontrarmos.

• 10 •
Por Amor a Deus

Caríssimos, amemo-nos uns aos outros, pois o amor é de Deus e todo aquele que ama nasceu de Deus e O conhece. Aquele que não ama não conhece Deus, porque Deus é amor.

— I JOÃO 4:7-8

Você já presenciou as reações intensas que a simples menção à palavra *Deus* pode causar nas pessoas? Já vi ódio estampado na face de uma pessoa só porque alguém pronunciou essa palavra. Aqueles que vivem em conformidade com Deus, ou seja, que já tiveram uma experiência do amor divino e sabem compartilhar esse amor, ao ouvir a palavra *Deus*, deixam transparecer no rosto uma expressão de sereno entendimento. Outras pessoas podem achar que Deus não quer que elas se divirtam ou sentem-se forçadas a ouvir sobre Ele e, como todos sabemos, ser forçado a fazer algo nunca é muito bom.

Desafio qualquer um que já foi invadido pelo espírito de Deus e do amor a me dizer se conhece algo que seja melhor do que isso, ou que traga mais prazer. Nenhuma droga pode se comparar à sensação extraordinária que temos na presença do amor divino do Senhor. Não existe nenhum nível de sofisticação que valha a pena atingir caso isso signifique deixar de lado a delícia que é estar com Deus. Não importa quanto conhecimento esotérico eu procuro, diligentemente, obter, com certeza eu jogaria tudo pela janela num segundo se esses conhecimentos contradissessem a mensagem pura e descomplicada de Deus que sinto no coração.

A energia do amor divino é o que nos mantém em linha direta com os Céus. O amor divino está por trás de todas as qualidades divinas porque o amor é Deus. Muitas pessoas se perguntam para que, afinal, serve a experiência humana. Eu freqüentemente paro e penso no que eu me meti, quando nasci neste planeta como um ser humano. Em um dos meus projetos de pesquisa, perguntei às pessoas para que elas achavam que servia a experiência humana. Fiz essa pergunta a todo tipo de pessoa, das mais diversas idades, nacionalidades e sexos, e a principal resposta que obtive foi: "Não sei exatamente para que serve tudo isso, mas *sei* que o fato de estarmos aqui tem algo a ver com o amor". Sou da mesma opinião. O amor flui livremente pela nossa vida das formas que permitimos. Ele bate inexoravelmente nas portas que fechamos para ele. O amor, a qualidade divina básica, nunca deixará de nos interpelar.

A coisa mais surpreendente com relação ao amor é que ele é um dilúvio de emoções, não apenas uma garoa rápida que aparece de vez em quando. Em outras palavras, quando seu coração está totalmente aberto para o amor, você pode rir e chorar ao mesmo tempo. Às vezes nos enganamos e pensamos que as emoções são compartimentadas e que chorar é algo desagradável. Não sei quanto a você, mas eu encontro diariamente uns dez motivos para chorar. O mais incrível é que, todas as vezes, logo depois desse impulso para chorar vem outro para rir, abraçar alguém, festejar de alegria e muito mais.

Uma outra coisa importante a se lembrar é que não precisamos ter um corpo absolutamente saudável para ter profundas experiências de amor. Às vezes, nossas experiências mais enaltecedoras surgem quando estamos muito doentes. É verdade, a dor física não é algo lá muito divertido, mas isso não significa que ela nos impeça de sentir amor. O fato é que não existe uma forma de nos prepararmos para o amor, de nos aprontarmos para ele ou de forçá-lo; você só precisa estar presente, desperto e disposto a deixá-lo entrar em ação.

Deus representa uma importante força de cura na psique, quando nos voltamos para nosso mundo interior a fim de tentar entender as coisas. Deus tem todas as respostas e nós temos todas as perguntas. Deus fala conosco por meio do coração (I Samuel 16:7 "... Deus vê não como o homem vê, porque o homem toma em consideração a aparência, mas o Senhor olha o coração"), e é aí que está o problema. Queremos respostas que venham do nosso intelecto; queremos que sejam lógicas e absolutas. Há ocasiões em que deparamos com a resposta num livro ou ouvimos alguém dando respostas para os grandes mistérios da vida. No entanto, essas respostas nem sempre coincidem com nossa experiência de vida; elas em geral entram em conflito com nossas paixões e instintos. A resposta parece perfeita no papel ou para o nosso intelecto, mas tudo que ela faz é estimular a mente a fazer mais perguntas. Só por meio do coração, por meio de imagens e sentimentos evocados por símbolos, podemos começar a entender os mistérios da vida.

As informações literais sobre Deus ou sobre qualquer outra coisa ligada a esse assunto precisam ser "desliteralizadas", quando chegam à psique, ou então armazenadas em forma de imagens ou sentimentos. As imagens e os sentimentos podem acabar encontrando um símbolo que represente essas informações, mas o símbolo nunca é literal. O símbolo comunica-se diretamente com a nossa imaginação, que tem um sistema diferente de valores. Não importa o quanto nos esforcemos para definir um conceito espiritual em termos absolutos, essa será sempre uma batalha vã.

A meu ver, estamos num ponto extraordinário da história da consciência humana. Dez anos atrás, quando escrevi meu primeiro livro, tive de brigar com o editor para poder referir-me a Deus como Deus, e não como Grande Espírito ou Mãe Natureza ou seja lá o que fosse mais cômodo para ele na época. Não muito tempo atrás, *Deus* era um termo considerado tabu quando usado fora das escrituras cristãs. Hoje, nas nossas listas de *best-sellers* ecumênicos, sempre aparecem obras em cujo título consta a palavra Deus. Uma nova reverência ao divino feminino estimula as pessoas a usar o termo Deus Mãe/Pai, quando se referem a Deus em suas preces. Pelo menos isso parece soar melhor nos tempos de hoje.

Eu gostaria que deixássemos para trás qualquer vestígio que ainda reste da idéia de que Deus está morto e aceitássemos o fato de que recebemos um maravilhoso dom chamado *vida* e o temos porque Deus não está morto, nem nós estamos. Precisamos sair da nossa condição de sonâmbulos. Temos nos deixado hipnotizar por muitas coisas que nos querem convencer de que a vida não é assim tão maravilhosa. A nossa lucidez vem da luz que existe dentro de nós; para que essa luz brilhe, para que fiquemos despertos, não podemos ser apáticos ou alienados. Se deixarmos nossa luz se apagar e andarmos por aí que nem sonâmbulos só porque, de acordo com as nossas crenças, viver é sofrer, então nunca teremos o prazer de passar pela experiência da alegria.

Pessoas verdadeiramente lúcidas percebem que a vida é um *continuum* sempre em transformação. Se sairmos desse *continuum*, achando que a vida é uma decepção, podemos perder a oportunidade de presenciar um pequeno milagre que talvez abra o nosso coração e nos faça transcender o sofrimento. Vamos reagir, saindo dessa grande área cinzenta e hipnótica, e seguir o arco-íris de luz que está à nossa volta.

Deus está vivo — nos livros, nos programas de TV e na nossa psique. Isso não significa que todo mundo esteja interessado Nele, porém, é impossível não deparar com Ele se você tem o hábito de ler livros ou acompanha o que acontece nos meios de comunicação. Se interpretar de forma *literal* a maioria das coisas que é dita sobre Deus, você chegará a conclusão de que Ele é o nosso melhor amigo, um ser com quem podemos conversar; que Deus não está jogando um grande jogo de dados do qual os seres humanos são o resultado; que Ele não é um "deus" que nos manipula e nos prega peças; e que importa-se muito conosco — nunca nos abandona à própria sorte. "Deus ama você; pode acreditar", diz Martha Williamson, produtora do programa de TV *Tocado por um Anjo.*

Algumas pessoas podem pensar que meus sentimentos com relação a Deus são ingênuos e politicamente incorretos, mas isso não me preocupa nem um pouco. Acho que já está na hora de não tomarmos conhecimento de probleminhas como esse. Sempre estou disposta a conhecer a visão e as crenças que as pessoas têm com relação a Deus. Não tenho nenhuma intenção de mudar sua forma de pensar; só quero compartilhar a inspiração que vem do meu amor por Deus.

Todos nós temos um espaço particular em nossa psique reservado para Deus. Mesmo quando não acreditamos na existência Dele, existem razões ocultas em nossa psique acumulando energia e espaço para nos convencer de que ele de fato não existe. Isso pode significar que um ateu passa mais tempo pensando em Deus do que alguém que acredite Nele. Quando a vida nos coloca numa encruzilhada e não sabemos o que fazer, podemos pedir ajuda a Deus. Se então ouvirmos o que diz nosso coração, saberemos o que fazer. Nunca pense que suas idéias são "sofisticadas" demais para incluir Deus, pois, numa noite escura, você pode precisar Dele e então terá de lutar contra essa imagem de sofisticação que criou acerca de si mesmo. Será então mais difícil enxergar uma saída. No entanto, quando você consegue se envolver na luz do amor de Deus, verá que essa luta de fato valeu a pena.

. . . .

IDÉIA PRÁTICA: Transmita o Amor de Deus

As palavras e a capacidade limitada que elas têm de transmitir um conceito são, e sempre serão, um problema para nós, principalmente quando se trata do conceito de Deus. Deus e os anjos, e mesmo o nosso crescimento espiritual, baseiam-se na experiência direta que está por trás do raciocínio, por trás das palavras. Quando é preciso expressar nossas experiências verbalmente, sentimo-nos travados ou frustrados por não conseguir transmitir a profundidade delas. É por isso que, através dos tempos, foram criadas obras de arte e músicas belíssimas na tentativa de transmitir a experiência do Divino. Pense em como você pode transmitir seu amor por Deus de maneiras totalmente novas. Você pode escrever um poema, pintar um quadro ou simplesmente visualizar um modo artístico de expressar seu amor mais profundo por Ele.

• 11 •
A Eterna Alegria de Deus

Não chatearás Deus.
— JOHN C. LILLY

Lê-se no Evangelho de São Lucas, 1:37, na *Amplified Bible*: "Para Deus nada é impossível, e nenhuma palavra Dele será destituída de poder ou impossível de realizar". Palavras como essas podem nos tocar profundamente, embora nós, seres humanos, continuemos a defender as mesmas velhas idéias, a seguir os mesmos caminhos já tão percorridos e a esquecer de ter bom humor, insistindo em fazer incontáveis coisas desinteressantes por anos a fio. Nós somos as únicas possibilidades de Deus. Quando atendemos ao chamado para trilhar nosso caminho espiritual, precisamos nos lembrar de agradar a Deus e de dar as boas-vindas às novas possibilidades de amor que ele coloca em nossa vida.

Às vezes, acho que se deveria acrescentar mais uma linha às Bem-Aventuranças: Abençoados são aqueles que sabem divertir os outros, pois estes sabem aproveitar a vida. Duvido que Deus divirta-se muito observando o dia-a-dia dos seres humanos de mente brilhante e incríveis talentos criativos, pois eles passam a maior parte do tempo reclamando do que *não* conseguiram na vida, em vez de encontrar novas formas de manifestar amor. Estou certa de que os anjos prefeririam olhar para a Terra e ver o ouro brilhante da espiritualidade nas pessoas que estão dispostas a amar.

Você já notou como nos sentimos bem e nos divertimos quando assistimos a um filme que toca o nosso coração e nos dá um vislumbre de como a vida pode ser maravilhosa, quando agarramos com unhas e dentes a oportunidade de amar e ser feliz? Se observar seres humanos for como assistir a um filme, então acho que Deus e os anjos de fato se deliciam cada vez que aceitamos correr o risco de amar profundamente e expressar nosso amor de forma criativa. O amor é uma energia de troca; se juramos amar a Deus, mas não fazemos nada que demonstre esse amor, então é sinal de que queremos receber amor sem dar nada em troca.

Vamos considerar o óbvio: se Deus e os anjos só dizem respeito ao amor, então precisamos *ser* esse amor. A coisa mais bela com relação a *ser o amor* é que esse sentimento oferece uma experiência única, divina e original, a cada um de nós. Não existe ninguém que possa nos dizer como se faz para ser o amor; é o nosso coração que vai nos dizer o que fazer. Só a atitude de considerar a idéia de agradar a Deus e lhe propiciar bons momentos já é o suficiente para mudar a nossa vida.

A melhor forma de agradar ao Grande Criador e aos anjos é usar nossas capacidades para manifestar uma expressão de amor e dar chance para que as outras pessoas possam fazer o mesmo. No final da nossa vida, vão nos perguntar: "Até que ponto você conseguiu expressar o seu amor?" Como seria a nossa resposta hoje?

Estar aqui na Terra é um grande privilégio. O fato de concordarmos em estar neste planeta significa que temos o dever de ser criaturas interessantes aos olhos de Deus. Isso não significa que temos de nos virar do avesso para ser um sucesso em tudo, pois não precisamos ser super-heróis para parecer interessantes aos olhos Dele. A coisa mais interessante que nós, seres humanos, podemos fazer é descobrir quem de fato somos. Então perceberemos que existe um campo de força de amor ao nosso redor, o tempo todo. Quando deixamos que esse campo de força divino influencie as nossas células, passamos a ser capazes de criar inimagináveis momentos de beleza que ajudam a curar a alma do mundo.

A gratidão é uma forma de agradar a Deus e é sempre uma atitude interessante aos olhos Dele. As pessoas que não sentem gratidão ou reverência pela vida geralmente acabam aborrecendo os outros com suas constantes reclamações. Por natureza, a gratidão é uma forma verdadeiramente notável de nos expressarmos. Quando optamos por usar nosso livre-arbítrio e o direito que Deus nos deu de pensar livremente e honrar a Ele, sentimos reverência pela vida. O ponto-chave aqui é decidir sentir essa reverência da maneira que acharmos melhor, respeitando nossa própria natureza e nosso jeito particular de sentir e nos expressar.

O livre-arbítrio é o que os seres humanos têm de mais sagrado. Isso significa que, não importa o que aconteça conosco — mesmo que o nosso cérebro esteja prestes a perder suas funções normais —, ainda assim somos capazes de decidir como nos comportar, como amar e como usar nosso livre-arbítrio. As pessoas geralmente ficam com raiva de Deus porque lhes dizem que devem amá-Lo de uma forma que simplesmente não corresponde à experiência de vida delas. Usar nosso livre-arbítrio para amar a Deus significa que não temos de aceitar tudo que nos dizem sem questionar.

Nossa tarefa é agradar a Deus com nossa originalidade e profunda compreensão. Deus fica satisfeito quando expressamos quem realmente somos, pois assim estamos mostrando que valorizamos os talentos que Ele nos deu. Jesus passava horas na companhia de pecadores e coletores de impostos. Ele apreciava o bom humor e a beleza, e vivia o momento. São Francisco divertia-se ao lado de mendigos e vagabundos. Se o navio está afundando, vamos cantar uma última canção em coro com Deus. É hora de dançar sobre a mesa, acompanhar o ritmo das luzes e mostrar a Deus Pai/Mãe que não importa o quanto nos sintamos condenados pelo destino, ainda há tempo para celebrar e expressar nosso amor pela vida.

. . . .

IDÉIA PRÁTICA: Viva o Momento

Uma verdade espiritual básica que volta a emergir sempre que estamos cansados da luta pela sobrevivência é: viva o momento. Já ouvimos expressões como "Fique no aqui e no agora", "Viva como se este fosse o último dia da sua vida" e "A única coisa que temos é o momento presente". Existem muitas outras versões desse princípio espiritual básico. Viver no presente geralmente traz à baila nossas questões relativas à segurança, que somos muito hábeis ao tentar preservar. No entanto, quando "tentamos" preservar algo, nós não a aproveitamos. Deixe que os anjos se encarreguem de preservar a vida, a alegria, o amor e a beleza, e encarregue-se de manifestar tudo isso na sua vida e aproveitar. Dessa forma Deus ficará satisfeito com sua originalidade e inocência em aceitar a vida como ela é. Cultive o hábito de viver o momento.

•12•
Deus Tem um Suprimento Inesgotável de Amor?

Deus está mais perto de mim do que estou do meu próprio eu; minha vida depende do fato de Deus estar perto de mim, presente em mim. Portanto, Ele também está numa pedra, num tronco de madeira, só que eles não sabem disso. Se a madeira soubesse da existência de Deus e percebesse sua proximidade assim como a percebe o anjo da mais alta hierarquia, então o tronco seria abençoado com o título de chefe de todos os anjos. O homem é mais feliz do que o tronco de madeira, pois ele sabe da existência de Deus, está consciente Dele e sabe quão próximo ele está.

— MEISTER ECKHART

Se tratarmos Deus como um pai cósmico que tem de nos dar o que queremos senão temos um ataque de fúria, então seremos como crianças que não conhecem nada melhor. Se você tivesse filhos aos quais desse lindas jóias e esses filhos tivessem tanta vontade de ter amigos e poder que dessem essas jóias para pessoas que fogem com elas, deixando-os sem nada, você continuaria dando jóias a eles? É bem provável que não. Como você se sentiria se todos os dias servisse em sua casa os pratos mais requintados só para ver que seus filhos preferem comer migalhas no vizinho, pois têm fascinação por ele e aceitam qualquer coisa que este lhes oferece? Então, para piorar as coisas, seus filhos ainda o culpam por passar fome.

Às vezes, culpamos Deus por nossa infelicidade, como nas ocasiões em que nos convencemos de que um outro ser humano por quem "*morremos* de paixão" é quem vai nos salvar ou precisa ser salvo por nós. Existe um pequeno equívoco aqui, e você precisa se voltar mais para Deus, caso ache que está aqui para salvar a alma de outra pessoa. Cada relacionamento entre dois seres humanos é único, e eu não sou tão ousada a ponto de falar em nome de Deus com relação a esse tipo de coisa, mas eu nunca vi ninguém que tenha conseguido salvar outra pessoa ou garantir a felicidade de alguém. Tenho visto pessoas apoiarem outras com amor, verdadeiramente conscientes de Deus, do amor e da compaixão, e conseguirem tornar o relacionamento benéfico para ambas. Um bom relacionamento não se baseia no poder ou no controle; baseia-se no amor e no respeito mútuo. Será que vale a pena enchermos uma pessoa de amor e de presentes, passarmos o tempo todo sonhando com ela ou rezando para tê-la sempre por perto, se essa pessoa simplesmente não nos ama? Existem muitos que se aproveitam desse amor de "mão única", por isso peço que tome muito cuidado se você quer realmente ser feliz.

Quando você é feliz em sua própria casa, com aquilo que tem e com os dons que recebeu, então você é de fato feliz. Se encontrar alguém que goze dessa mesma felicidade e resolvam juntos compartilhá-la, então você recebeu uma das maiores e mais extraordinárias bênçãos que Deus pode nos dar. Mas Deus só pode dar quando estamos aptos a receber suas dádivas *e a nos responsabilizar por elas*. Se as usarmos para controlar os outros ou para fazer exigências, elas deixarão de ser dádivas.

Deus tem todo o amor do mundo para nos dar. Precisamos confiar Nele e deixar de lado a ânsia de ter poder e controle sobre os outros, ou sobre qualquer ser humano que nos idolatre. Deus não nos ama por meio de outro ser humano. Deus nos ama de forma direta. Quando temos um coração cheio de amor, podemos compartilhá-lo com outro ser humano cujo coração também está cheio de amor, conhecendo e honrando a fonte desse amor.

Tenho um amigo que, no auge da dor e da frustração por não ter conseguido o que mais queria — relacionar-se com alguém que já tinha um compromisso —, acusou "Deus de ser fraco e impotente diante de forças adversas". Em toda a minha vida, nunca ouvi ninguém dizer uma coisa dessas, e devo dizer que fiquei atônita. Em primeiro lugar, é claro que isso não passou de uma grande projeção, pois ele sentia-se fraco na ocasião. Segundo, como Deus se fortalece? Nós podemos ajudar, se pararmos de criar o inferno na Terra tentando ser Deus ou tentando competir com Ele, controlando todas as situações.

Você já pensou no que acontece quando *consegue o que quer*? Em geral, você nem percebe o momento exato em que isso ocorre e, se percebe, quase sempre está preocupado com outra coisa e não dá muita importância ao fato. Se o objeto que você tanto almeja é uma pessoa, ela geralmente "cede" bem no momento em que você percebe que essa pessoa em quem projetou todas as suas ilusões é simplesmente outro ser humano com tantos defeitos quanto você, alguém que não pode salvá-lo assim como ninguém mais poderia.

Deus é amor. O amor é uma atitude e uma energia que precisa estar sempre em movimento. O amor assume sua forma mais elevada quando nós o oferecemos aos outros e nos sentimos abençoados por ter a oportunidade de fazer isso. Onde existe uma luta por poder não existe amor. Se o amor só é dado mediante algumas condições, tenha cuidado com o que vem a seguir. Se você pensa que só pode amar uma determinada pessoa numa dada situação, ou só pode amar alguém que tenha uma certa aparência, é bem possível que encontre alguém que se encaixe nas suas condições e pré-requisitos. Essa pessoa pode conquistar o seu amor porque ela o merece e faz o seu tipo, mas o que *você* ganharia com isso?

Quando jogamos nos campos eternos da consciência e do conhecimento de que somos muito mais do que um pontinho de consciência, referimo-nos a nós mesmos como pessoas de mente lúcida e ousamos transcender nossas crenças limitadas e dogmas. Não quero dizer que devemos ridicularizar qualquer coisa que venha até nós por meio da crença, mas que devemos ser sábios o bastante para observá-la mais de perto, senti-la, estar abertos para a expansão e pedir aos anjos que nos conceda uma visão transcendente.

Uma das cenas de filme de que eu mais gosto é o do Mágico de Oz manuseando desastradamente sua tela de projeção e sendo pego de surpresa. Então ele diz: "Não dêem atenção ao homem por trás da cortina". Se você está em busca de um mágico de carne e osso, lembre-se de que ele é só um ser humano. Se acontecer de você surpreender o homem por trás da imagem, seja compreensivo e tenha senso de humor. Deus age por caminhos misteriosos e pode decidir pôr um charlatão na nossa vida só para provocar uma transformação em nós.

. . . .

IDÉIA PRÁTICA: Risadas

A palavra *ilusão* vem do termo latino *illudere*, que significa zombar e se divertir com algo ou alguém. Algumas vezes parece haver uma força cruel no Universo que está a fim de zombar de nós. Quanto mais aborrecidos ficamos, mais essa força aumenta seu poder sobre nós. Mas se achamos graça da situação e começamos a rir primeiro, essa força perde todo seu poder de influência. Cultive o hábito de rir primeiro *e* de rir por último também. Os anjos se unirão a você e a luz da verdade dissipará todas as ilusões. Se vir a vida através das lentes da humildade, você passará a ter um senso de significado que se baseará mais na verdade do que em imagens ilusórias. Acima de tudo, viva sempre disposto a dar boas risadas com tudo que acontecer na sua vida.

• 13 •
Liberdade Radical

Liberdade aqui não significa ser insubordinado ou negligente;
significa ser capaz de fluir com a vida,
desfrutando plenamente a sua existência como ser humano.
— CHÖGYAM TRUNGPA

Quando sabemos quando somos livres? A felicidade é um sentimento, uma imagem ou, em grande parte, um estado mental que não depende necessariamente das características "físicas" da situação em que estamos? O que é liberdade de espírito? Você poderia ser livre numa cadeia? A liberdade é uma ilusão? Ela sempre tem um preço? A disciplina é o oposto de liberdade ou uma precisa vir acompanhada da outra?

Algumas pessoas vivem rompendo seus relacionamentos, para se assegurar de que não têm de assumir nenhuma responsabilidade, e então declaram aos quatro ventos que são livres. Alguns de nós acham que ter um monte de dinheiro é o caminho para se ter liberdade. Outros baseiam sua liberdade na conquista de conhecimentos e de uma visão mais ampla das coisas. Existem aqueles que acham que o direito de ter uma arma é a expressão máxima da liberdade. Outros dão-se o direito de ser extremamente indulgentes consigo mesmos como se isso fosse um ato de liberdade. A idéia de liberdade é algo muito particular.

A questão é que muitas pessoas não incorporaram à sua consciência um senso verdadeiro de liberdade e tornaram-se uns rebeldes, satisfeitos com a idéia de se mostrar ao mundo do jeito que são. Em vez disso, as pessoas hoje parecem viver mortas de medo de mostrar o que são, preocupadas com sua aparência ou se estão fazendo a coisa certa. Onde estão todos os excêntricos e outros tipos que só estão dispostos a se divertir e fazer com que todo mundo se divirta como eles? Os anjos têm dificuldade para se fazer notar quando as pessoas só pensam no que os outros podem pensar delas e estão mais preocupadas em controlar a vida do que em relaxar e se divertir.

Quando paro para pensar na consciência de grupo que existe hoje, acho que precisamos levar a vida com mais leveza e ser mais criativos. Existem críticos demais sentados na nossa cozinha. Em vez de encontrar formas de encarar a vida com mais leveza e melhorar a vida em sociedade, parecemos estar em busca de mais teorias conspiratórias, mais pessoas para castigar, mais motivos para sentir medo e ficar deprimidos. Existem pessoas demais prontas para sacar suas armas espirituais à menor provocação. Como coletividade, incentivamos os dramas emocionais intensos, em vez de nos concentrar nas formas naturais de diminuir o *stress* e o medo da vida.

Também somos responsáveis por aquilo que acontece na psique coletiva, mesmo que não estejamos contribuindo para isso de modo consciente. Portanto, precisamos que os anjos nos ajudem a encontrar nosso caminho rumo à liberdade radical. Radical, nesse caso, significa fundamental, básica e levada ao extremo, ao limite máximo. Etimologicamente, *radical* significa "de raízes", e vem do latim *radicalis*, que significa ter raízes. Costumamos usar a palavra *radical* para descrever aqueles que defendem mudanças revolucionárias na política ou no governo, que se originam da idéia de mudança "fundamental" — que chega até as raízes das coisas. O que a liberdade tem a ver com raízes? As raízes têm vida; elas nos trazem coisas boas da terra. Só quando temos nossas próprias raízes, fundamentadas nas nossas verdades pessoais e no nosso coração, temos liberdade.

Parte do preço que pagamos para ter a chance sagrada de estar vivo é o fato de o nosso corpo um dia morrer. Esse ponto de partida é um mistério; faz parte dos domínios de Deus. E não importa o quanto nos empenhemos para controlar a vida, os seres humanos simplesmente não podem explicar a morte. A morte é tão misteriosa e pode parecer tão dolorosa que as pessoas sentem necessidade de explicá-la, para esclarecer a razão por que alguém pode morrer jovem ou sofrer de câncer ou ter um ataque cardíaco. Explicando o que acontece com os outros, podemos dizer para nós mesmos: "Isso não acontecerá comigo!" Mas como explicar a existência de pessoas que cultivam e promovem esses debates para encontrar explicações, fumando, excedendo-se na bebida e comendo toneladas de comida gordurosa? Como explicar o fato de alguém que sempre se empenhou para ter corpo e mente saudáveis mesmo assim contrair um câncer?

Quando nós, seres humanos, estamos face a face com a morte, depois de uma longa doença ou diante de outra circunstância tão grave quanto essa, tenho o palpite de que não olhamos para trás e dizemos "Oh, Deus, como eu queria ter trabalhado mais e conseguido comprar mais coisas" ou " Se pelo menos aquele esquema de propinas tivesse dado certo...". A verdade é que, numa hora dessas, lamentaremos muito mais não ter contemplado mais vezes o pôr-do-sol com as pessoas que amávamos, brincado um pouco mais com nossos filhos ou animais de estimação, dançado mais, cantado mais e procurado ouvir os anjos com mais atenção. O bom é que a morte está sempre presente, lembrando-nos de que a mensagem da liberdade radical está de volta.

Os anjos querem que paremos de tentar enganar a morte com ilusões de segurança. Liberdade radical significa reprimir o impulso de buscar segurança a todo custo. A liberdade radical o leva a descobrir o que o fez aprisionar a si mesmo e lhe permite olhar pela janela da realidade da morte, em vez de continuar a negá-la com o intuito de se proteger.

Quando estamos na "noite escura da alma" em decorrência de alguma perda e optamos por nos manter acordados em meio à escuridão, o fato de que todos morreremos um dia virá à tona por meio da nossa dor e nos fará encontrar a morte frente a frente. A princípio, a realidade da morte pode nos fazer estremecer de medo. Mas, em seguida, nosso ponto de vista mudará e passaremos a aceitar a perda. Deixaremos que o sofrimento se vá, junto com todas coisas que serviram para nos confortar e em que tínhamos nos apoiado em nossa dor. Aí sim, aceitaremos a morte.

A noite escura da alma é uma experiência mística. Quando sofremos, pode nos ocorrer a idéia de que a morte talvez possa nos salvar de toda a dor e da perda avassaladora que sofremos. No entanto, uma voz que vem das profundezas da nossa alma sussurra: "Não, a morte não vai nos salvar; agora é hora de levantar e lutar pela vida". Hora de levantar e enfrentar a dor, deixando que a força da vida nos mostre o caminho a tomar. Os anjos estarão conosco, assim como parteiras, não para nos poupar da dor do renascimento, mas para nos ajudar a superar as dificuldades desse momento, até que possamos despertar pela manhã, sob a nova luz da consciência sagrada que infundirá em nossa alma força e liberdade radical.

A "noite escura" pode durar só esse instante de ligação com a alma, ou pode durar semanas e então voltar a acontecer. A noite escura da alma não está esperando para *pegar* você; ela existe para *conceder* a você uma vida real e a liberdade radical. Não existem regras ou passos que o ajudem a encarar o sofrimento na vida. Não existem fórmulas da Nova Era que o ajudem a ludibriar a dor ou tomar um atalho. Os anjos querem que você receba a dádiva da vida real, e para isso é preciso coragem de verdade. As ilusões vêm abaixo quando você busca a verdade. Este é o caminho para a liberdade radical: Deixe que elas venham abaixo para que você possa ver com clareza que dádivas a vida realmente lhe deu.

. . . .

IDÉIA PRÁTICA: Liberdade Radical

Tenha uma conversa com Deus e faça a ele todas as perguntas que você tem a respeito do mistério da morte e da perda. Anote o que Deus lhe diria num momento de dor e de pesar. Escreva até sentir a verdade dançando diante dos seus olhos, até sentir qual é a sua parte na harmonia angélica do Universo e sentir sua chama interior se unir ao fogo cósmico. Escreva até que o som sagrado das batidas do seu coração entrem em sintonia com o mais elevado coro de anjos. Fique com você e com a sua dor, até que sua alma flutue no rio da vida, sentindo-se sã e salva no ventre do amor. Deus abençoa seus fracassos e suas perdas; olhe o que eles trouxeram a você.

• 14 •
Abra Seus Horizontes Mentais

Maat, deusa da Justiça, pesa o coração dos homens quando estes chegam ao fim da vida. Se ele for mais leve que uma pena, eles podem seguir para a vida depois da morte. Se o coração for pesado demais, eles voltam para a Terra.

— MITO EGÍPCIO

Podemos falar a respeito da liberdade como se tratasse de um assunto no qual fôssemos diplomados, no entanto, acho que a maioria das pessoas tem medo da verdadeira liberdade. Alguns de nós têm horror de estilos de vida alternativos, de pessoas "diferentes" e de novas experiências. Eu uma vez conheci um homem branco que tinha uma loja num bairro do Sul em que moravam pessoas de várias raças. Mais de uma vez observei-o quando o movimento estava fraco, sentado à porta da loja na companhia de um homem negro, rindo, em meio a uma animada conversa. De fato, nunca os vi tão animados em outras situações. Eles evocavam o melhor um do outro, quando estavam juntos. Mas, no fim do dia, iam para casa e voltavam a ter as mesmas atitudes e conversas racistas. Ouvi o homem branco dizendo coisas inacreditáveis contra os negros e pensei em como ele costumava passar seus dias. Nossas experiências de vida são o que realmente conta, e se pudermos sair por este mundo livres das crenças arcaicas, preconceituosas e recriminadoras, estaremos mais aptos a viver de uma forma mais honesta e bela. Aprenderemos a ver cada situação como uma experiência única, em vez de reuni-las todas na mesma categoria, em geral com base no ódio, na ignorância, no medo e nas idéias defendidas pelos meios de comunicação.

Se não confiarmos na humanidade, achando que todo mundo quer nos enganar ou nos fazer mal, pelas razões mais diversas, atrairemos para nós situações que confirmarão essa crença. Os seres humanos têm muita habilidade para atrair formas de manifestar seus medos. Quando estamos dispostos a seguir os impulsos e os avisos que os anjos nos transmitem, ficamos menos propensos a passar por experiências ruins. Todos temos os talentos de que precisamos para manifestar um sentimento de paz e liberdade no coração e para compartilhar esse sentimento com as outras pessoas. Se deixarmos de lado o hábito de dividir as coisas em certo ou errado, bom ou ruim, acabaremos por ver as experiências "ruins" sob uma luz completamente nova. Então, conseguiremos encontrar força espiritual suficiente para transformá-las em experiências boas. Dessa forma estaremos no caminho certo para receber bênçãos maravilhosas, além de poder reunir uma coleção de histórias incríveis para compartilhar.

Cultivar o hábito de fazer perguntas em vez de querer ter todas as respostas é uma das formas de começarmos a abrir nossos horizontes mentais:

Pausa para uma Pergunta

Se você tem uma opinião, isso significa que ela tem de ser a opinião certa?

Se alguém tem uma opinião diferente, isso significa que essa pessoa está errada?

Como você sabe se tem a mente aberta? Você já fez algum teste que comprove isso?

O que acontece quando você encontra alguém de quem de fato gosta, mas que tem opiniões diferentes das suas?

Suas opiniões seriam aprovadas pelos anjos e por Deus?

E se você tivesse de mudar radicalmente de opinião depois de ouvir algo totalmente novo?

Você já pensou realmente no que é uma opinião?

. . . .

IDÉIA PRÁTICA: Livre-se das Crenças Obstinadas

Considere as idéias a seguir a respeito de feitiços, superstições e crenças obstinadas que nos prejudicam e reivindique sua verdadeira liberdade:

Livre-se da Superstição

Como a vida é um negócio que envolve riscos, inventamos muitos joguinhos que nos levam a pensar que temos controle sobre todas as coisas. A superstição é um desses jogos e somos todos muito criativos quando o jogamos. De correntes a números da sorte, da crença de que temos de ter algo mais ou um bom aspecto no nosso mapa astrológico até uma linha direta com Deus, é hora de começarmos a jogar fora essas idéias supersticiosas. O problema em ter superstições é que elas podem atrapalhar nossa consciência com relação aos anjos e impedir que busquemos a liberdade radical.

Quebre o Feitiço

O termo *feitiço* originou-se da palavra "história", em inglês antigo. A história é algo que tem muita força, mas, não se esqueça, ela também é flexível; pode ser reordenada e contada de formas diferentes. Tradicionalmente, o feitiço é um encantamento, uma fórmula mágica ou um estado mágico. Pense na idéia de um ser humano sob o feitiço de algo. O que lhe vem à mente? Quando pensamos em pessoas sob a influência de um feitiço, acreditamos que a vida delas está sendo influenciada por algo alheio à sua vontade. Então, nesse instante percebemos que elas não estão ouvindo os anjos. Os feitiços causam um grande dano à nossa psique, e eles provêm de crenças das quais não temos consciência; por isso raramente paramos para analisar.

Não se aposente

Deixe de lado a idéia de que certas coisas nos acontecerão quando ficarmos velhos. Se acreditarmos na idéia que a nossa sociedade faz do envelhecimento, acharemos que na velhice não teremos mais vida sexual, nossa mente ficará mais lenta, nosso corpo deixará de desempenhar suas funções e perderemos toda a beleza, além de poder ir parar num asilo. Isso tudo é muito triste e não precisa acontecer necessariamente. É claro que mudamos quando envelhecemos, e isso é algo muito belo, se aceitarmos as mudanças e fizermos o nosso melhor. Conheci uma senhora alguns anos atrás, quando ela completava 104 anos de idade. Sua aparência não era das melhores, mas ela parecia uma pessoa extremamente criativa e vivaz. Ainda mantinha muito da sua sensualidade e seus olhos brilhavam como os de uma criança. Então por que não optamos, afinal, por uma história igual a dela, em vez de nos apegarmos a outra impregnada de medo?

Nunca fique velho e se aposente! *Aposentadoria* (*retirement*, em inglês) é uma das piores palavras que já inventaram. Significa retiro, afastamento e fim da carreira. A palavra *tire* (do inglês *retirement*) significava originalmente enfraquecer, pôr fim, chegar a termo; "ficar cansado" era a segunda acepção desse termo. "Re" significa novamente. *Re-tire*? Significa voltar a enfraquecer, pôr fim, entregar-se, retirar-se e afastar-se da vida. Mas só Deus é quem sabe quando devemos nos despedir da "vida". Se formos estabelecer um marco cronológico para uma idéia tão negativa quanto a da aposentadoria, estaremos roubando de nós mesmos a melhor época da nossa vida.

Salte para Fora da Roda

A crença de que estamos resgatando o karma de vidas passadas pode nos bloquear, quando começarmos a receber as recompensas e castigos que, a nosso ver, estão ligados a essa lei espiritual. Não quero discutir aqui se a reencarnação ou o karma de fato existem. Isso é algo muito pessoal. O conceito de reencarnação é muito interessante e pode ele próprio proporcionar uma forma de conhecermos profundamente a nós mesmos, *mas*, quando as histórias de vidas passadas começam a ofuscar a vida presente, ele torna-se incompatível com a consciência dos anjos. Tudo que os anjos nos pedem é que encontremos dentro de nós a divindade. Isso nos faz pular fora da roda do karma, pois, quando mudamos nosso caráter, mudamos nosso destino; portanto não se dê menos do que você merece!

Não Deixe a Astrologia Desanimar Você

Uma outra área que pode funcionar como uma armadilha são as fórmulas, limitações e previsões astrológicas. Hoje acho que a Astrologia é interessante do ponto de vista místico, e pode nos ajudar a ter em mente o quanto os deuses podem ser absurdos. No entanto, fiquei muito desapontada com o fato de ela ser tão centrada nos homens. Quando você analisa o nome dos planetas interpretados na carta astrológica de uma pessoa, percebe que só há um planeta, Vênus, com o nome de uma deusa. E se Saturno fosse chamado de Athena? Marte de Hera? O fato de a astrologia ser predominantemente masculina talvez seja uma das razões por que tantas previsões astrológicas e explicações acerca do trânsito dos planetas podem parecer tão severas e implacáveis. O masculino divino comanda, " Tu tens de", enquanto o feminino divino lembra, "Tu podes", o que significa que temos a permissão de mudar, ser felizes e amados. Tu tens a permissão de ser o que é.

• 15 •
VIVA E DEIXE VIVER

Nossa responsabilidade — a capacidade que temos de responder aos desafios que se apresentam em nossa vida, nossa capacidade de resposta — é restabelecer a ligação com a Fonte maior que às vezes chamamos divina. Quando fazemos isso, nós nos reconectamos com a energia e com o plano de uma vida mais ampla e de tudo que a acompanha... Somos tão diferentes quanto flocos de neve, e nossos caminhos para a Fonte refletem essa diferença.

— JEAN HOUSTON

Na minha opinião, a analista junguiana Marion Woodman é uma das pessoas mais inspiradoras que existem. Ela uma vez contou uma história acerca da ocasião em que estava numa festa com muita música, logo que ela começara a batalha desleal de "combate" ao câncer. Marion sempre adorou dançar e a música chamava-a para a pista.

Embora estivesse evidentemente debilitada, Marion se pôs de pé e começou a se mover ao som da música. O marido, um pouco preocupado com seu estado, não queria que ela dançasse, mas ela sabia que tinha de fazer isso se quisesse continuar vivendo.

Qual é o nosso primeiro impulso quando aqueles que nos são próximos precisam mudar, livrar-se de convenções ou se expressar? Nosso primeiro instinto é detê-los caso digam alguma excentricidade ou façam papel de tolos aos olhos dos outros? Por que será que temos uma espécie de necessidade compulsiva de evitar que os outros "firam a si mesmos", quando isso é justamente o que poderia ajudá-los?

Por que será que às vezes ficamos ressentidos quando as pessoas são autênticas e se orgulham disso? Por que nos sentimos tão pouco à vontade ao lado de pessoas que gostam de desafiar regras e convenções? Transmitimos mensagens um tanto confusas ao mundo e principalmente às crianças. Dizemos a elas para que se sintam livres para ser o que são e, então, quando resolvem expressar o que está no âmago de seu ser, tentamos controlar esse impulso. Isso acaba causando uma neurose, fazendo com que elas, em vez de compartilhar a inspiração que lhes brota do coração, reprimam a criatividade e demonstrem um comportamento neurótico.

No livro *The Alchemy of Prayer*,* escrevi sobre o conceito aborígine de "roubo dos sonhos". Roubamos o sonho de alguém quando essa pessoa nos conta sobre seus sonhos, objetivos e intenção de fazer algo e, em resposta, fazemos comentários do tipo: "Ah, mas isso é impossível!" ou "Quem você pensa que é para fazer isso?" ou "Você não tem talento para tanto". Ouvi dizer que, em certas tribos, quando um membro é pego "roubando os sonhos" de outro, apontam um osso na direção dele, como um sinal de que está banido da vida, o pior castigo impingido por essa sociedade. O roubo dos sonhos é uma coisa tão comum na nossa sociedade, que fazemos isso de forma quase inconsciente, às vezes com um simples olhar ou um gesto.

Também roubamos das pessoas a chance de sentir sua própria grandeza quando queremos poupá-las da dor. Mas e se evitarmos que alguém passe por uma experiência que julgamos dolorosa só para descobrir que, para a pessoa, essa era uma oportunidade única de deparar com um momento de verdade, no nível da alma, ouvir a voz dos anjos e descobrir seu verdadeiro caminho depois de uma noite escura de dor? Também costumamos projetar uma grande dose de sofri-

*A *Alquimia da Oração*, publicado pela Editora Pensamento, São Paulo, 1998.

mento na experiência do fracasso. Mas o engraçado é que, se rotulamos algo ou alguém de fracasso, somos nós que sofremos. A pessoa que julgamos ter fracassado pode estar passando por ricas experiências de verdade e beleza, que a levará a alcançar um sucesso muito maior do que o mundo pode julgar. Ela pode estar descobrindo com os anjos novos patamares de criatividade. Para citar o brilhante, e verdadeiramente independente, produtor de filmes John Sayles: "Vivo encontrando gente paralisada diante da idéia de que pode fracassar. Para mim, fracasso não existe. Trata-se sempre de uma exploração".

. . . .

IDÉIA PRÁTICA: Viva e Deixe Viver

Viver é algo que fazemos, não algo de que falamos a respeito. Quando a música começar, ponha-se de pé e não se preocupe com o que os outros possam pensar ou se alguém pode ficar aborrecido. Seja "permissionário". Imagine como os anjos ficam tristes quando impedimos alguém de ser o que verdadeiramente é no momento, e evitamos que essa pessoa passe por uma experiência que nos ajudaria a todos a encontrar o nosso caminho. Durante um dia inteiro, pratique o ato de dar permissão para que as pessoas sejam elas mesmas e possam ir tão longe quanto precisarem ir. Ao longo desse dia, avalie novamente suas idéias sobre o sucesso. Como você sabe quando uma pessoa é "bem-sucedida" na vida? Como você sabe quando precisa ter "sucesso"? Que critérios usa para fazer esses julgamentos? Deixe esses critérios de lado, viva e deixe viver!

• 16 •

Aceite Realidades Diferentes

Quanto mais profundas forem as realizações pessoais do homem,
mais influência ele exerce sobre todo o universo,
por meio de suas sutis vibrações espirituais,
e menos ele próprio é afetado pelo fluxo dos fenômenos.
— MESTRE PARAMAHANSA YOGANANDA

Fazer parte da espécie humana é uma experiência desafiadora e extraordinária, para dizer o mínimo. Quando contemplo a miríade de possibilidades das realidades do ser humano, nesta verdejante Terra de Deus, vejo-me diante de um grande desafio. Num domingo, por exemplo, encontrei o seguinte no jornal: primeiro notei a foto de uma mulher curvada sob o peso de dois grandes sacos grosseiros de sarja, com um olhar de desespero no rosto. Ela perdera o único trem do dia que a levaria de sua cidade, devastada pela guerra. O que me chamou a atenção a seguir foi a foto de um professor universitário de meia-idade, em frente à sua linda residência, no que ele descreveu como "o pior dia de sua vida" — o dia em que um carvalho de noventa anos de idade tinha sido arrancado do seu jardim. Então, numa outra coluna do jornal, havia uma notícia sobre um acampamento freqüentado uma vez por ano por crianças com câncer. Ali elas conversavam sobre o fato de estarem perdendo cabelos e sobre os apelidos cruéis que haviam dado a elas, coisas do tipo "Carecão" ou "Doutor Leucemia". Conversavam também sobre o telefonema que fez com que seus pais desabassem e começassem a chorar.

Depois de ler o jornal todo, eu me vi diante do desafio de aceitar todas essas realidades diferentes. A todo instante, bebês nasciam enquanto outras pessoas se despediam da vida. Tragédias e momentos felizes ocorriam simultaneamente. Um homem afastava os restos do seu lauto jantar, enquanto esperava a sobremesa, e outro tentava matar a fome num lixão da cidade. Este mundo é repleto de cenários inacreditáveis acontecendo simultaneamente. Como fazer para escolher a realidade que queremos viver, torná-la agradável e, então, fazer o melhor para ajudar outras pessoas menos afortunadas? Para isso é preciso consciência, lucidez, esperança e disposição para aceitar um propósito mais elevado na vida.

Quando peço aos anjos que me dêem respostas para os mistérios do ser humano, percebo que eles me fazem sentir uma sensação de paz e confortam minha alma. Eles não fazem isso proporcionando-me respostas e teorias complicadas, mas levando-me a encontrar formas criativas de viver com a luz do meu coração. Os anjos me ajudam a manter viva a esperança, mesmo quando nada mais faz sentido. Procurar um sentido nas coisas e solucionar mistérios deixam de ser tão importantes quando os anjos estão presentes em nossa vida. A vida não tem de fazer sentido aos olhos dos seres humanos, que dividem tudo em certo e errado, bom e ruim.

Se queremos entender ao menos um instante da vida, precisamos mudar constantemente o nosso ponto de vista. Precisamos olhar as coisas por todos os ângulos. Os anjos me ajudam a fazer isso. Quando começo a encarar algo com seriedade demais, paro e imagino como aquilo pareceria da perspectiva dos anjos. Não conheço os planos de Deus, mas sei que ter reverência pela vida é uma atitude sábia. Também sei que se parar de gastar tanta energia com futilidades, como o hábito de querer explicar as coisas e classificar tudo com a minha limitada mente analítica, então terei mais tempo para me concentrar na vida como um todo. Quando chego nesse nível, agradeço aos anjos, pois de fato me sinto livre para navegar pelo mundo com desenvoltura e sabedoria.

O fim deste milênio, como já mencionei, está causando muito medo em certas pessoas. Muitas acham que os anjos estão se colocando mais em evidência porque o mundo vai acabar. Parte desse medo pode estar ligado às atrocidades que estão acontecendo hoje pelo mundo todo. Mesmo que não sejamos diretamente responsáveis por essas atrocidades, sabemos que não se pode deixar que elas se prolonguem. As atrocidades estão fragmentando nossa psique. Podemos até ter encontrado recentemente dentro de nós meios reais de ser feliz e de viver em paz, mas ouvimos o rádio e logo descobrimos que os sapatos que estamos usando foram feitos por trabalhadores da Indonésia tratados como escravos. Eles ganham só um dólar por dia, trabalhando em condições precárias, embora a empresa que os contrate não hesite em pagar a uma celebridade do mundo do esporte um cachê de 200 milhões de dólares, só para fornecer sua imagem para alguns poucos anúncios. Não sei quanto a você, mas esse tipo de coisa me deixa realmente triste.

Eu podia discorrer aqui sobre inúmeros exemplos do descaso com que as empresas em geral tratam os direitos humanos, mas esse não é o objetivo deste livro. Tudo o que eu quero é que despertemos e comecemos a entender melhor a nós mesmos, e para isso precisamos ter uma visão mais abrangente para perceber que existem milhões de realidades diferentes à nossa volta. Não é nada divertido viver com uma psique fragmentada. Você pode sentir que é preciso parar de usar sapatos fabricados por companhias que abusam dos seus funcionários, pode resolver boicotar certos produtos ou pode sentir que precisa começar a combater essa loucura que testemunha todos os dias. O Dalai Lama disse: "A meta principal de toda religião é ajudar as pessoas a se tornar seres humanos melhores. Por conseguinte, não importa quais sejam nossas crenças pessoais, é mais importante tentar criar um mundo mais seguro e amistoso do que tentar converter mais pessoas para a religião da nossa preferência. Eu, particularmente, descobri que o nível mais elevado de tranqüilidade interior é fruto do desenvolvimento do amor e da compaixão".

. . . .

IDÉIA PRÁTICA: Bondade e Compaixão

Se cada um de nós procurasse suprir, com pequenos gestos, a falta de bondade e de compaixão que existe neste mundo, acabaríamos fazendo uma enorme diferença. Se pararmos para pensar sobre como as nossas ações, pensamentos e intenções poderiam de fato evocar os anjos em nossa vida, e então mudássemos nosso comportamento para entrar em sintonia com a Lei do Espírito, estaríamos prestando mais ajuda a eles do que poderíamos imaginar. Não acho que se espere que sejamos santos, daquela forma antiquada. Somos chamados a fazer algo muito mais difícil do que isso: apreciar a vida e continuar amando mesmo em face do tumulto e da confusão, mesmo enquanto antigas estruturas das quais dependemos caem por terra.

Sabemos instintivamente que o mundo tem um lado negro, e quanto mais negro ele fica mais a luz brilha em contraste. Tanto a escuridão quanto a luz estão ao alcance do homem. Se optarmos por nos envolver na luz, é isso o que acontecerá. Poderemos receber a graça especial pela coragem de *estarmos aqui agora*. Essa graça significa que podemos usufruir a vida, dar muita risada e fazer da nossa vida uma dança, e não uma escalada difícil rumo a alguma coisa que está sempre fora do nosso alcance. Significa que concluiremos, em face de toda adversidade, um projeto criativo muito embora ele pareça não fazer sentido, pois nós o veremos como uma importante expressão de vida. Sempre que a vida é expressa de maneiras criativas e afetuosas, os anjos aparecem em bandos. Onde quer que haja seres humanos, também haverá anjos.

•17•
O Espírito do Bom Humor

O demônio pode agir como um trapaceiro, ser espirituoso, bancar o palhaço, dançar a jiga e ser um piadista, mas o humus e a humildade do bom humor — nunca!... O ato de rir da própria absurdidade, na comédia humana, espanta o demônio tão rápido quanto o alho e a cruz.

— JAMES HILLMAN

Você já teve um ataque de riso tão grande que simplesmente não conseguia parar de rir? Pense no incrível sentimento de alegria e de liberdade que isso lhe trouxe. O verdadeiro espírito do bom humor é uma experiência direta da bem-aventurança divina. Algumas das melhores experiências que eu tive com anjos foram imbuídas de um senso de humor tão puro que todas as pessoas envolvidas riram e choraram com todo o seu ser. Em vez de ficar quieto e apavorado quando algo embaraçoso acontece, pense em como seria melhor se o espírito levasse as pessoas envolvidas a dar boas risadas das fraquezas humanas. Pesquisadores têm descoberto que muitas pessoas que consideramos cruéis, como os líderes do partido nazista, durante a segunda guerra mundial, não tinham nenhum senso de humor. Para elas, rir não tinha a menor graça, e tudo que saísse dos limites da sua mente cruel e rigidamente estruturada era qualquer coisa menos engraçado.

Numa tarde dessas, eu estava com uma amiga num sushi bar, bebendo saquê quente e falando sobre a vida, sobre filosofia e sobre emoções fortes como a raiva. Enquanto conversávamos, olhei em volta, apreciando as várias máscaras espetaculares que decoravam as paredes, dispostas numa fileira que ia de um extremo a outro da sala. As máscaras tinham uma aparência "demoníaca", e a maioria delas expressava um ar zombeteiro ou risonho. No guardanapo, havia estampado o logotipo do restaurante e fiquei curiosa para saber o significado do nome do estabelecimento, pois ao lado deste havia, é claro, uma máscara de aparência endemoninhada. Minha amiga e eu então começamos um debate sobre o que acontece quando estamos diante de pessoas cheias de raiva que nos desafiam abertamente ou nos insultam. Disse a ela que, para mim, era como se, nessas ocasiões, os demônios estivessem rindo de nós; por isso, se *nós* ríssemos — se nos recusássemos a levar aquilo para o lado pessoal, então não seríamos afetados e toda a alquimia seria transmutada. As luzes se acenderiam, espantando o demônio. Na hora em que o garçom veio até a nossa mesa, perguntei-lhe o que significava o nome do restaurante, e ele respondeu: "Os Demônios Estão Rindo".

O famoso psiquiatra Carl Jung é sempre citado por dizer: "A única qualidade divina dos seres humanos é o senso de humor". Se rir regularmente e encarar a vida com bom humor, você terá uma postura equilibrada diante da vida. Se você acha que seu senso de humor não está lá essas coisas e que está encarando tudo com muita seriedade, esse é um sinal importante de que está na hora de você fazer algumas mudanças na sua vida. Preste atenção e ria; isso é fundamental para o seu relacionamento com os anjos, pois esses seres têm um senso de humor maravilhoso e querem compartilhá-lo com você.

Consideremos sagrado o fato de que temos a chance de encarar a vida com mais leveza. A maioria das coisas que nos deixa preocupados simplesmente não é considerada tão séria no esquema maior da vida, nem é parte vital da *anima mundi*, a alma do mundo. Não há dúvidas que algumas situações requerem seriedade, mas não é por causa disso que temos de exagerar sua gravidade e deixar que a depressão nos arraste para o fundo do poço. Podemos transformar nossa seriedade numa percepção mais acurada e nos dedicarmos plenamente ao momento. Dessa forma, nosso senso de humor entrará em cena.

Quando somos autênticos, não há risco de nosso senso de humor trivializar uma situação que requeira seriedade. Tenho deparado com todo tipo de situação dessa natureza, mas o bom humor sempre me faz sua generosa visita. Já passei por terremotos monumentais, duas tempestades causadas por incêndios de vastas proporções que quase atingiram minha casa, um furacão que nos obrigou a evacuar a cidade, acidentes com familiares e todo tipo de atribulação. Não há dúvida de que esses eventos estão entre os mais graves, pois é quando toda a nossa energia concentra-se na sobrevivência. No entanto, algumas coisas maravilhosas começaram a pipocar na minha consciência durante os momentos mais cruciais. Entre elas, o reconhecimento de como a vida é preciosa, de como a maior parte das coisas materiais é na verdade imaterial, de como a vida é curta, de como o amor é maravilhoso e de que um momento de silêncio com Deus pode me tranqüilizar muito mais do que qualquer coisa que a humanidade conheça.

. . . .

IDÉIA PRÁTICA: Bom Humor

Procure pedir aos anjos para ter a chance de dar boas risadas, e então fique pronto para não perder nem uma única oportunidade. O riso pode vir de uma maneira que você não espera, e em geral essa é a melhor forma de humor. Prepare-se para dar boas risadas, aprendendo a relaxar e a soltar a tensão. O mundo não está louco para pegar você. Pense em maneiras de viver de forma mais natural e simples, como dar uma caminhada descalço, conversar com Deus, conversar com as plantas, brincar de faz-de-conta, sonhar acordado, praticar tai-chi, ioga e outras técnicas de relaxamento. Procure viver de um jeito mais zen, especialmente quando estiver dirigindo. Se você estiver vivendo de acordo com o tempo de Deus, sempre chegará ao seu destino na hora certa. Pense na idéia de que Deus tem senso de humor. E lembre-se: "Os anjos podem voar porque tratam a si mesmos com leveza".

•18•
Recupere o Equilíbrio por meio do Ritual

Tudo que um ritual faz é concentrar nossa mente nas implicações do que estamos fazendo. Por exemplo, o ritual do casamento é uma meditação sobre o passo que estamos dando no sentido de aprender a nos tornar parte de um casal, em vez de um indivíduo sozinho. O ritual nos ajuda a passar por uma transição. Ele nos apresenta o significado do que está se passando. Dar graças antes das refeições nos ajuda a lembrar que aquilo que estamos prestes a comer um dia já foi uma coisa viva.

— JOSEPH CAMPBELL

Ritual é uma daquelas palavras às quais as pessoas reagem intensamente. Alguns podem ter medo de realizar um ritual, por achar que só as bruxas e as pessoas mal-intencionadas praticam esse tipo de coisa. Outros podem achar que só um padre ou um ministro de Deus podem realizá-lo. Nós não costumamos honrar os rituais e os ritos como faziam nossos ancestrais, no entanto, isso está começando a mudar. As pessoas têm buscado um sentido para suas vidas e procuram um equilíbrio entre o sagrado e o profano. Com os rituais, podemos reconhecer e honrar uma mudança importante que estejamos prestes a fazer. Os rituais estão voltando a assumir o seu lugar de direito.

A maioria de nós pratica pequenos rituais ao longo de todo o dia. Lembre-se, ritual é algo que se faz para restaurar o equilíbrio, e a natureza mutante da própria vida exige que busquemos o equilíbrio. O equilíbrio nunca é um objetivo completamente realista, pois as coisas mudam com rapidez demais. Porém, recuperar o senso de equilíbrio é algo muito importante para os seres humanos.

Pense a respeito do seu dia. Você se levanta da cama, e eu aposto que faz quase as mesmas coisas todas as manhãs. E, quando não pode fazer, sente-se meio fora do eixo. Por exemplo, escovar os dentes é um ritual que, além de limpar os dentes, nos ajuda a recuperar o equilíbrio. Tomar uma xícara de café ou fumar um cigarro também podem ser rituais. As crianças realizam espontaneamente pequenos rituais quando deixamos que brinquem livremente. Alguns anos atrás, eu cuidava de uma classe vespertina de um jardim-de-infância e adorava observar as crianças brincando sem parar. Elas freqüentemente encenavam, com pequenos rituais, verdadeiros temas míticos, usando frutinhas silvestres, folhas, galhos e tudo o mais que tivessem à mão. É bem provável que você tenha feito o mesmo quando criança. Nós somos naturalmente impelidos para temas míticos e, se não os expressarmos, encenando-os ou representando-os por meios artísticos, assistimos a novelas e a programas de auditório em que as pessoas estão vivendo temas arquetípicos de traição, competição e amor não correspondido.

Procure observar como você costuma recuperar o equilíbrio ou o bem-estar no dia-a-dia. Quero que se sinta à vontade com a palavra *ritual*. Estamos ficando excessivamente superticiosos e com medo de coisas que podem nos ajudar a viver uma vida mais equilibrada e natural; estamos deixando de aproveitar oportunidades de realizar rituais que poderiam de fato sanar problemas pessoais e sociais. Temos de ultrapassar alguns desses limites ridículos que impomos a nós mesmos.

Às vezes, os anjos nos colocam numa situação em que temos a oportunidade de iniciar um ritual de equilíbrio. Minha amiga Jai vive em busca de conhecimento interior, está sempre ligada com os anjos e, por isso, muitas histórias incríveis acontecem com ela. Jai também não tem receio de criar rituais que restaurem o equilíbrio das situações. Uma grande amiga dela, Sally, morreu há alguns anos e a mãe dessa amiga mandou a Jai um lindo vaso de prata com as cinzas da filha. Eu estava visitando Jai na época, e ela me disse que queria fazer algo especial para homenagear Sally e espalhar suas cinzas num lugar que ela gostasse, mas não tinha idéia do que fazer. Sugeri que subíssemos até o topo de uma bela montanha que desse para um vale e deixássemos que nosso guia interior nos orientasse. Então providenciamos alguns itens necessários: uma vela, incenso, uma garrafa de vinho tinto e a flauta de Jai; encaminhamo-nos para o topo da montanha, colhendo flores do campo durante o trajeto. Chegamos a uma pequena plataforma e delimitamos nosso lugar sagrado acendendo a vela e colocando as flores em volta. Então sentamos para meditar, enquanto Jai tocava flauta.

Quando se sentiu preparada, ela caminhou até a beira da colina e começou a espalhar as cinzas ao vento. Soprava uma brisa leve mas constante e o sol brincava entre as nuvens. Quando as cinzas se espalhavam, as mais leves dançavam com a brisa, elevando-se em arabescos no ar, sob a luz do sol, e as mais pesadas desciam em silêncio em direção à terra. Essa experiência serviu para simbolizar a nossa realidade como seres humanos, pois somos tanto espírito que se eleva em direção ao alto quanto carne que vem do pó. Comecei a cantar para Deus quando as cinzas se espalharam para ajudar o espírito a encontrar seu caminho de casa. Depois disso, abrimos o vinho e brindamos em homenagem à Sally. Em seguida, fizemos o mesmo em homenagem à Mãe Terra, que nos concedeu aquele vinho. Fomos até a montanha sem saber exatamente o que faríamos, mas, deixando que nossas intenções nos guiassem, criamos de forma espontânea um lindo ritual que ajudou a restaurar o equilíbrio entre a vida e a morte.

Noite passada, Jai me ligou contando que tinha sido chamada para fazer companhia a uma senhora muito conhecida que estava prestes a dar seu último suspiro. Na noite anterior a que tinha recebido esse chamado, ela tivera um sonho vívido em que vira essa mesma senhora em seus derradeiros instantes. Depois do sonho, Jai acordara com um sentimento profundo de paz. Como chegara mais cedo para a reunião com os outros voluntários que também dariam assistência a essa senhora, Jai entrou no quarto dela um pouco antes da sua morte. As pessoas na casa entraram em pânico; não sabiam o que fazer primeiro. Então Jai, com seu dom para fazer rituais improvisados, começou a orientar as pessoas para que restaurassem o equilíbrio no quarto, fazendo ali um altar com velas e flores. Ela também sugeriu muitas outras coisas que pudessem acalmar naturalmente a energia tumultuada, criando um espaço sagrado em que as pessoas poderiam ficar alertas e prontas para agir com calma e serenidade.

Não leve os rituais a sério demais; lembre que, se você está ajudando os anjos — e é bem provável que esteja, senão não estaria lendo este livro —, tem de estar pronto para a hora em que precisar restaurar o equilíbrio com um ritual espontâneo. Basta estar com o coração aberto para a pulsação divina do Universo, deixar de lado o desejo de controlar as coisas ou qualquer desejo de levar algum tipo de vantagem, e você saberá o que fazer.

Mas quero deixar aqui registrado que não estou promovendo "rituais de magia" ou bruxaria, que são praticados às vezes com a intenção de criar *desarmonia,* vertendo os resultados em favor daquele que os executa. Como bem notou a escritora Manly P. Hall, "feiticeiro é aquele que recorre a alguma arte especial para fazer com que as forças da natureza trabalhem a seu favor. O verdadeiro propósito da metafísica é aperfeiçoar o eu interior, de forma que ele ganhe sabedoria, virtude e entendimento. Todo crescimento forçado é feitiçaria".

O lado negro da feitiçaria é que, infelizmente, as pessoas acham que é dever delas enfeitiçar as pessoas ou castigá-las com algum encantamento. Isso é uma expressão de ódio, que, ao ser dirigida a uma pessoa, funciona como um bumerangue, voltando justamente para quem a enviou. Ela pode, no entanto, fazer mal a alguém, especialmente se essa pessoa está passando por um momento difícil ou está com medo. Agir com ódio não é uma atitude muito sábia e, entre outras coisas, reflete uma grande ignorância. Mesmo quando as pessoas tentam reparar uma injustiça, elas não conhecem os particulares dessa injustiça e podem estar castigando um inocente. Tudo isso só causa mais sofrimento, nunca justiça. Sempre digo: deixe que seja feita a vontade de Deus e tudo será lavado na grande máquina de lavar do cosmo. Se de fato um erro foi cometido, o resultado desse gesto será muito mais satisfatório, pois Deus tem uma grande imaginação e senso de humor.

. . . .

IDÉIA PRÁTICA: Pratique Rituais

Um dos aspectos do ritual requer que *registremos* algo em nossa consciência de forma que isso se torne parte integral da nossa visão espiritual em desenvolvimento. Alguns significados da palavra *registro* incluem nota, inscrição, lista, arquivo, manifesto. Tenha cuidado com os pensamentos e crenças que você registra e põe em prática ao longo da vida. Algumas vezes, podemos registrar o oposto do que queremos, assim como crenças negativas, sem ter plena consciência do que estamos fazendo. Os seus pensamentos e crenças ajudam você, funcionam como obstáculos ou permitem um livre fluxo de idéias? Realize hoje mesmo um ritual que afirme: "Tudo bem, Deus, vou deixar o caminho livre para que a sua vontade seja feita".

O que Registrar com o Ritual

Objetivos
Sonhos e devaneios
Imagens fantásticas
Idéias grandiosas
Pensamentos nobres
Reclamações e censuras
Gratidão
Compaixão

Rituais Naturais

Rezar
Cantar (ou ouvir música)
Dançar (ou tocar tambor)
Pintar
Caminhar
Escrever (inclusive poesias absurdas)
Meditar e permanecer em contemplação
Fazer um altar ou um santuário

• 19 •

PAZ E QUIETUDE

Confie em si mesmo quando estiver em águas profundas, desconhecidas. Quando surgir uma tempestade, é mais seguro permanecer em mar aberto. Se ficar muito próximo à costa, pode acabar sendo arrastado para a morte, chocando-se contra um rochedo.

— HOWARD THURMAN

Quando os anjos passaram a fazer parte da minha vida, uma das primeiras coisas com as quais tive de começar a lidar foi a mania que eu tinha de me preocupar. Ainda estou lutando contra isso, e talvez passe a vida toda nessa luta, mas posso dizer que os anjos têm me ajudado a descobrir maneiras de me voltar para dentro, quando me vejo cheia de preocupação. A citação acima de Howard Thurman é um bom começo. Não fique muito próximo da costa, deixando-se arrastar pela preocupação. A preocupação é o que nos mantém muito perto da costa, sendo fustigados e arrastados pela tempestade da vida. Se algo tem feito com que você passe noites em claro ou passe o dia corroendo-se de tanta preocupação, a melhor coisa a fazer é distanciar-se da situação. Não é sempre fácil fazer isso; se estamos preocupados com algo, achamos que podemos controlar as coisas aproximando-as de nós. No entanto, sabemos o que acontece quando ficamos muito perto de algo: não conseguimos ver o todo. Quando conseguimos ter uma visão panorâmica da situação, a visão que os anjos têm, as nossas preocupações passam a parecer pequenas.

A palavra inglesa para preocupação, *worry*, significava originalmente estrangulamento ou sufocamento; ela surgiu no século XVI com o significado de fustigar fisicamente, e derivava da idéia de "agarrar pelo pescoço". No século XVII, ela significava perturbar ou causar distúrbio, então passou a ter finalmente o sentido de agitação mental e ansiedade. Quando estamos apreensivos ou ansiosos, sentimo-nos como se estivéssemos sufocados.

É importante fazer uma distinção entre pensar sobre algo, como refletir sobre uma decisão, e preocupar-se com isso. A preocupação traz com ela a questão do controle. Se estamos preocupados, podemos sentir que perdemos o controle de uma situação, e começamos a travar uma batalha interior. A preocupação compete com a nossa fé e esperança. Ter fé e esperança naturalmente significa sentir-se bem e sossegado. A preocupação nos traz mal-estar; ela causa doenças físicas e nos faz sentir como se o corpo todo estivesse sufocado e desligado da corrente de energia divina.

A preocupação em geral se parece com um ciclo sem fim. Ela repete sua mensagem vezes sem conta na nossa cabeça. Cada vez que a ouvimos, ela dá a impressão de adquirir mais força, como a conhecida bola de neve que rola morro abaixo, crescendo cada vez mais. O que, no início, é apenas um pensamento pode acabar crescendo e obtendo cada vez mais evidências a seu favor. Chega um ponto em que temos de sair do caminho da bola de neve e aprender a mudar o curso dos acontecimentos, deixando de lado a preocupação. É aí que os anjos tornam-se importantes aliados. Eles são capazes de nos ver como luz e amor e, quando eles nos vêem cheios de preocupação, instigam-nos a prestar atenção no que estamos fazendo conosco, ao mesmo tempo em que nos apresentam formas de mudar a situação.

Em geral, a preocupação está relacionada com orgulho em demasia ou com o hábito de levar tudo para o lado pessoal. Quando nos deixamos levar por esse hábito e nos sentimos desrespeitados, ficamos preocupados em resgatar nossa dignidade ou valor. Bem, isso não passa de uma armadilha, pois não deveríamos deixar que ninguém tivesse tanto poder a ponto de tirar a nossa dignidade. Pense sobre isso. Por que as palavras *tolo* e *orgulhoso* combinam tão bem? Preocupar-se com o que os outros pensam é algo tão fútil que pode ser visto como uma atitude tola. Você *nunca* pode controlar o modo como os outros o vêem, independentemente de quanto se empenhe em fazer isso. Pare de se preocupar com o que os outros pensam, fazem ou dizem e dê um passo para trás. Assim você pode manter-se à distância junto com os anjos, e usufruir um sentimento de paz interior de quem sabe que não precisa levar as coisas para o lado pessoal.

Também é fundamental não se preocupar muito com as pessoas de quem você gosta. Lembre-se, a preocupação não os ajuda em nada; ela pode, isto sim, exaurir a energia deles — o efeito oposto do que gostaríamos. Os anjos sabem quando nos preocupamos com os outros porque os amamos ou porque queremos ter poder sobre eles. Eles transmitirão nossas mensagens quando perceberem que elas partem do coração; eles as "julgarão pelo que são". Se tentarmos ter poder sobre os outros ou controlar suas ações, nossa preocupação fechará as portas dos nossos relacionamentos e voltará para nós em forma de dor. Se irradiarmos nossa vontade de amar, os portões se abrirão de par em par e, quando essa energia voltar para nós, sentiremo-nos abençoados.

Não há por que nos sentir mal pelo fato de nos preocuparmos; isso só significa que você tem zelo, embora talvez ele seja um tanto exagerado. Um dos fatos da vida que não podemos negar é que nós, seres humanos, sofremos. Outro fato natural da vida é que o tempo cura todas as feridas ou restitui a nossa integridade. Se optar por não lutar contra esses fatos e perceber que os anjos estão prontos para nos ajudar, então você terá paz interior. Quantas coisas boas são fruto da paz interior; não há nada melhor do que estar bem material, emocional e fisicamente. Sempre que começar a se preocupar, vá para mar aberto, onde Deus e os anjos podem cuidar de você.

. . . .

IDÉIA PRÁTICA: Paz Interior

Pare de ler por um momento e pense a respeito das preocupações que tem. Que preocupações são essas? Em que parte do corpo você as sente? Elas têm apenas atormentado seus pensamentos ou têm deixado seu pescoço tenso ou seu estômago contraído? Uma das maneiras de preocupar-se menos, ou pelo menos de ver o problema sob uma nova luz, é conversar com seu anjo da guarda sobre a necessidade que você tem de se preocupar com algo. Então, deixe seu anjo mostrar-lhe as razões por que é melhor você parar de se preocupar e deixar que ele leve seus problemas a Deus para que Ele os faça passar por uma transmutação. Registre as conversas com seu anjo e tudo que sente, para que possa rever tudo isso posteriormente.

A prece é uma outra maneira de aliviar a preocupação. Quando reza, você evoca as forças da mudança no nível psíquico, e essas forças lhe inspiram soluções, mensagens positivas e idéias para você se sentir mais aliviado. Entre em sintonia com a consciência angélica e, tão logo sentir que está preocupado, descontraia-se e deixe a preocupação de lado. Deixe todas as suas preocupações nas mãos de Deus e dos anjos. Assim elas serão substituídas por esperança, bom humor, paz interior e uma visão renovada de si mesmo.

• 20 •

Paciência na Paz

Não deixe nada perturbar você; nada assustá-lo.
Todas as coisas são passageiras.
Deus é sempre o mesmo.
Com paciência consegue-se tudo.
Nada deseja aquele que está com Deus.
Deus é o que basta.
— SANTA TERESA D'ÁVILA

Outro dia meu horóscopo dizia: "Com paciência, você conquista". Então comecei a pensar, conquista o quê? Como a paciência pode me dar a sensação de que conquistei algo? Santa Teresa disse: "Com paciência consegue-se tudo". O que ela quis dizer é que, "com o tempo", você consegue tudo de que precisa e aprende a gostar do que tem. Mas se passamos o tempo todo sofrendo com o que implica a palavra *paciência*, então estamos mesmo fazendo uma conquista? A mágica que reside por trás da paciência é o fato de que, quando a praticamos, paramos de querer forçar uma situação e deixamos que o tempo atue a nosso favor; nós "deixamos tudo nas mãos de Deus". Para fazer da paciência uma experiência divina, precisamos desistir de querer controlar tudo; temos de ter fé de que existe uma força divina de sabedoria que pode colocar tudo em ordem para nós, e de maneiras tão belas que sequer havíamos pensado.

Ser paciente é reflexo de um conflito interior; se você tem de exercitar a paciência é porque existe alguma coisa instigando-o a seguir um impulso, a se expressar ou a agir. Ser *paciente* significa suportar a aflição com calma; essa palavra vem do latim *pati*, que significa sofrer. *Ser* uma "pessoa paciente" significa, literalmente, ser alguém que sofre. "A paciência é uma virtude", diz o velho ditado. Temos apanhado um pouco com a noção de virtude. É claro que virtude é algo que devemos nos esforçar para desenvolver, mas de um jeito natural, e não, obedecendo a um conjunto de padrões morais rígidos. Que tal vermos a paciência como algo mais do que uma simples virtude? Na maioria dos casos, não queremos ouvir a vozinha suave que sussurra dentro de nós. Como eu disse antes, não precisaríamos da paciência se não houvesse, no fundo do nosso peito, algo que precisa se expressar.

Quando ficamos impacientes, temos de olhar nossa impaciência de frente. Só assim ela não acaba tornando-se uma frustração. Em geral, quando tentamos ser pacientes, não conseguimos. Estamos "tentando", em vez de fazer de fato, e não estamos prestando atenção às mensagens interiores que os anjos estão nos mandando. O que a nossa impaciência está querendo nos dizer? Quando descobrirmos, precisaremos tomar alguma atitude a respeito? Se a resposta for sim, que tipo de atitude seria mais apropriada? A sabedoria é o único instrumento que pode nos ajudar nesse caso. Para captar a sabedoria que acompanha uma situação, convém que passemos algum tempo meditando sobre ela. Peça aos anjos que lhe dêem condições de alcançar os melhores e mais elevados resultados. Os anjos querem que desenvolvamos qualidades divinas com nosso próprio esforço. Eles podem nos ajudar, mas teremos de fazer tudo por nós mesmos. Temos de optar por mudar e alçar novas alturas. Assim que fizermos essa simples opção, eles intercederão por nós.

IDÉIA PRÁTICA: Paciência

Para cultivar a paciência e a calma, o que eu mais recomendo é que você reze. Se está sofrendo, se sente que os pensamentos agitam sua mente, comece a rezar e pedir orientação. Finja que você é um paciente dos anjos, internado no hospital do amor, e deixe que eles cuidem de você. Os anjos o guiarão de volta ao centro do amor. Cada vez que sentir que está se afastando desse centro, pare e reze. Seja pueril ao fazer suas preces; seja espontâneo e nunca se preocupe se está ou não usando as palavras certas. Os anjos e Deus ouvem o seu coração, e eles atenderão às suas preces "no tempo certo". Abra o coração para receber a resposta deles.

• 21 •
Valorize o que Você Tem

Somos mortais, vulneráveis e estamos sujeitos a cometer erros; nossos dias estão contados, e geralmente são cheios de pesar, sofrimento e humilhação. Algumas pessoas acham que esse é um bom motivo para evitar o aqui e agora. Eu acho que essa é uma boa razão para mergulhar profundamente no aqui e no agora.

— TIMOTHY MILLER, How to Want What You Have

Os anjos têm maneiras originais e criativas de fazer com que suas mensagens cheguem até nós, no entanto, precisamos ter o coração aberto para ouvir e receber as mais sutis que nos são transmitidas no dia-a-dia. A cada dia recebemos pelo menos um lembrete dos anjos. Esses lembretes podem ser percebidos posteriormente, quando você vê algo no céu ou ouve uma conversa entre duas pessoas. Existem muitas formas de sermos lembrados acerca do amor; tudo que precisamos fazer é pedir para que nos ajudem a reparar nesses lembretes, e a nossa experiência de vida ficará mais profunda, levando-nos ao reino da verdadeira felicidade.

Na noite passada, o televisor estava ligado enquanto eu lia uma revista. Ouvi o repórter falando sobre experiências de quase-morte e isso me chamou a atenção. Um garoto, com cerca de 12 anos de idade, estava em coma, à beira da morte, quando acordou e começou a falar com o pai. Este lhe falou que os médicos aconselhavam que ele não falasse, pois estava muito debilitado. O garoto, no entanto, respondeu: "Pai, tenho de dizer uma coisa a você: eu encontrei Deus". É evidente que o pai tinha de levar em consideração o que ele tinha a dizer. O rapazinho contou que Deus falara uma coisa a ele: "Não tome nada como certo". Hoje esse menino está numa cadeira de rodas e, quando fala dessa experiência, é cercado por uma aura angelical, um brilho interior de felicidade que, sem dúvida, é como uma assinatura dos anjos. Essa é uma mensagem muito simples, embora muito profunda, especialmente por vir de alguém tão jovem.

Tomar algo como certo significa não apreciá-la, estar tão acostumado com ela que tem-se a impressão de que sempre estará disponível quando se precisar. Pense em todas as coisas que costumamos tomar como certas: o nascer do sol, os alimentos que a Terra nos oferece. Nossa liberdade. Nossa saúde. Nossa vida. A lista não tem fim. Muitas coisas que tomamos como certas poderiam, a qualquer momento, mudar e ser tiradas de nós. Então teríamos a chance de reavaliar a nossa vida e perceber que poderíamos ter vivido de uma forma um pouquinho diferente e apreciado mais as coisas simples da vida.

Tomar algo por certo significa pressupor sem questionar. O que costumamos pressupor com tanta freqüência na vida? Pressupomos que nossos relacionamentos sempre serão do jeito que são, no entanto, a natureza da vida é mutante, por isso essa pressuposição só cria problemas. Achamos que temos de fazer pressuposições, pois, afinal de contas, não sabemos de fato o que as outras pessoas pensam; fazemos pressuposições com base nas experiências do passado e achamos que nossas atuais pressuposições tem de estar corretas. Essa é uma área em que é preciso ter muito cuidado. Pressupor não é o mesmo que ter fé, embora às vezes façamos confusão entre essas duas coisas. A pressuposição é uma invenção do ser humano, enquanto ter fé é aceitar que Deus e os anjos sabem o que fazem. Para saber mais sobre o tema das pressuposições, leia *The Four Agreementes: A Practical Guide to Personal Freedom*, de Miguel Ruiz.

Costumamos supor que não somos felizes porque nos falta algo. Achamos que temos de ter mais dinheiro, mais coisas, mais beleza, mais amor. Por querer sempre mais, não paramos para apreciar e valorizar o que temos. Embora seja natural que queiramos mais da vida, esse desejo é alimentado de formas pouco naturais, na sociedade de hoje. Somos bombardeados, o dia inteiro, com mensagens que nos dizem que precisamos de mais e mais coisas.

Considere, por um momento, o que você realmente precisa ter mais. Não devem ser coisas materiais; é provável que você esteja satisfeito com o que tem. A principal coisa de que você precisa é ter *menos*, assim você poderá apreciar o que *tem* mais. Quando você começa a deixar de lado a necessidade de ter mais, os anjos o colocam na fila dos que merecem receber uma dádiva dos Céus. Quando receber essa dádiva, você se sentirá abençoado pelas coisas simples que tem à sua volta neste exato momento. A dádiva que você receber dos Céus tornará mais fácil captar as mensagens que os anjos transmitem a todo instante, e lhe trará numa bandeja tudo de que precisa. A escolha é sua: você pode desistir de querer mais e ser abençoado com a abundância ou pode enganar a si mesmo, pensando que o fato de ter mais preencherá o vazio deixado pelo que, a seu ver, está faltando na sua vida.

Chegamos a extremos com a nossa necessidade por valores materiais. O dinheiro decerto pode tornar algumas coisas mais fáceis, mas a riqueza material não acalentará a nossa alma ou nos dará a paz interior de que realmente precisamos. Se você já tem paz interior, então já tem tudo. Procure enriquecer sua vida com amor. Preste atenção ao que isso significa para você e às formas pelas quais pode amar de verdade. Quando começar a se empenhar para ajudar os anjos, eles passarão a se empenhar para ajudar você, e então você poderá descobrir que já tem "mais" do que jamais pensou em pedir.

Pense nas bênçãos que já recebeu na vida. Você foi abençoado com filhos, um lar, um parceiro ou amigos? Faça mentalmente uma lista das bênçãos que recebeu. Como a sua vida seria se algumas dessas bênçãos fossem tiradas de você? Pense no que gostaria de ter; isto é, o que você vive pedindo em suas preces? Agora pense nas coisas que nunca poderá ter, assim como a certeza de quando você, ou outra pessoa, vai morrer; saber o que alguém está pensando ou irá fazer; ter certeza a respeito do futuro. A coisa mais preciosa que você tem é o agora, este exato momento.

. . . .

IDÉIA PRÁTICA: Questionamento Interior

Sempre que estamos obcecados pela idéia de querer algo, isso significa que existe algo que está sugando toda a nossa energia no presente por causa de outra que pode ou não acontecer no futuro. Costumamos pensar: se ao menos eu conseguisse um emprego melhor, então seria mais feliz e bem-sucedido; se ao menos eu tivesse um relacionamento estável, então poderia conseguir muito mais coisas na vida. Tendo em mente aquilo que você mais quer no momento, faça a si mesmo as seguintes perguntas:

Questionamento Interior

Eu realmente quero isso?

Como posso ter certeza disso?

O fato de ter isso mudaria o que eu sou?

Cheguei a fazer algo para conseguir isso ou me limitei a me lamentar ou falar sobre isso até a exaustão?

É mais confortável viver "querendo" isso do que ter essa coisa de fato?

Por que não me sinto satisfeito em ser o que sou agora, neste exato momento?

Estou de fato sofrendo com a falta disso que quero ou estou sofrendo por causa de outra coisa?

Há quanto tempo espero por isso?

Se conseguir o que quero, a minha vida passará a ter mais sentido? Como posso ter certeza disso?

O que eu tenho medo que as pessoas saibam sobre mim se não conseguir o que quero a tempo?

Se o mundo fosse acabar a semana que vem, eu ainda iria querer isso?

Como seria se eu parasse um instante e apreciasse tudo o que eu já tenho — deixando de querer o que eu acho que preciso?

Nas próximas 24 horas, tire umas pequenas férias de tudo o que você quer. Você pode pedir para que os anjos o ajudem a fazer isso. Sempre que se sentir distante do presente, alheio ao que está fazendo e pensando no que quer, traga sua consciência de volta para o momento presente e pense em algo bom que você já tenha. Se não passar a vontade de ter aquela determinada coisa, levante-se, dê uma volta e procure se ligar conscientemente a algo da natureza, como uma árvore, um arbusto florido, o céu ou um animal. Respire um pouco de ar puro. Tome um gole de água. Aqueça-se ao sol. Agora, neste momento, existe alguma outra coisa de que você precise? Procure apreciar o que você já tem.

• 22 •
ÍNDIGO NA NOITE

A qualidade, a natureza e a definição dos nossos pensamentos determinam a forma, a clareza e a cor das nossas formas-pensamento e do nosso campo áurico. Elevando nossas vibrações com cores e sons — a linguagem dos anjos.

— TED ANDREWS

Anos atrás, trabalhei num acampamento nas montanhas, fora de Los Angeles, em que crianças de todas as camadas sociais "losangelinas" podiam passar duas noites. O acampamento ficava nas montanhas, que acabavam num belo trecho da praia pedregosa de Malibu. Uma das atividades que fazíamos com as crianças nesses dois dias e meio era uma caminhada noturna. No início da caminhada, dizíamos a elas que precisariam usar sua visão noturna assim como faziam os animais da noite. Avisávamos que demoraria um pouco até elas se acostumarem, pois não seriam permitidas lanternas e estávamos bem longe das luzes da cidade e da iluminação de rua.

Nunca me esqueci quando algumas das crianças olharam para o céu estrelado e perguntaram: "O que é tudo aquilo no céu?" Muitas nunca tinham visto mais do que uma ou duas estrelas, e de onde estávamos era possível ver a Via Láctea, se o céu estivesse limpo. Outra coisa que me pegou de surpresa foi o fato de que muitas dessas crianças simplesmente não saíam à noite nos bairros perigosos perto do centro da cidade; ficavam dentro de casa e rezavam para que uma bala perdida não lhes atravessasse a janela. Convencer o grupo de que fazer uma caminhada noturna não era uma aventura perigosa era uma tarefa muito delicada. Antes era preciso ganhar a confiança das crianças, pois muitas das experiências por que tinham passado as faziam acreditar que era uma loucura caminhar pelas montanhas à noite, sem carregar ao menos uma lanterna.

Assim que começávamos a seguir a trilha e nossos olhos acostumavam-se à escuridão, adentrávamos num mundo mágico. Uma das regras era não conversar, pois precisávamos manter os sentidos alertas e prestar atenção na trilha. Não queríamos deixar de ouvir o piado de uma coruja ou, se tivéssemos sorte, a visão de uma. À certa altura da caminhada, fazíamos paradas nas áreas escuras, onde distribuíamos balas de menta da marca Wintergreen e pedíamos às crianças para agrupar-se em pares e observar o companheiro morder a bala e ver as faíscas esverdeadas que esse doce produz. Quando surgia uma clareira, apontávamos as constelações e falávamos sobre os mitos, descrevendo a origem deles. Para mim, as caminhadas noturnas eram sempre especiais, especialmente quando havia, no grupo, crianças que testemunhavam pela primeira vez o mundo natural à noite.

Cada caminhada noturna era uma experiência única, pois cada noite do ano era diferente de todas as outras. Em algumas, não havia luar e, em outras, os raios da lua nos banhavam com seu brilho prateado. Algumas noites eram claras, em outras havia neblina e, é claro, a época do ano também influenciava as condições atmosféricas. Mas o mais importante era que, nessas caminhadas noturnas, surgia gradualmente uma inclinação natural para dependermos cada vez mais dos outros sentidos, em vez de confiarmos apenas na visão. As crianças exploravam o desconhecido com pessoas que elas tinham acabado de conhecer. Enfrentavam seus medos e voltavam para casa com histórias impagáveis e um sentimento de dever cumprido. Quando a caminhada chegava ao fim e as crianças bebiam sua caneca de chocolate quente, a sensação de vigor e os comentários sobre a aventura eram extasiantes.

Fico triste por esse passeio não existir mais. A verba foi cortada porque ele foi considerado supérfluo. Lamento pelas crianças que nunca verão o mar e sentirão a brisa no rosto. Choro pelas crianças que nunca sentirão os variados aromas da floresta, enquanto ainda têm o dom de se deslumbrar. Fico com raiva ao pensar que a maioria das crianças de Los Angeles talvez nunca passe pela experiência de se sentir protegida por uma força que só o coração conhece, uma força que se descobre com as riquíssimas experiências que só temos em lugares da natureza.

Dia após dia, recebemos as dádivas da noite, mesmo assim, às vezes não temos sequer idéia de que dádivas sejam essas. A noite não é nossa inimiga. Ela renova nosso espírito, refresca nosso corpo e nos deixa mais fortes. Pense em todas as coisas que podemos fazer à noite. Quando dormimos, deixamo-nos explorar o desconhecido, onde não podemos controlar as imagens que nos chegam por intermédio dos sonhos e a possibilidade de ter pesadelos está sempre presente. Há noites em que você talvez fique acordado, numa vigília forçada pelas preocupações ou pela necessidade de cuidar de alguém. Mas quando o dia amanhece, depois de toda essa jornada, em geral sentimos nossas forças renovadas.

Um dos meus amigos, o artista Arthur Douët, faz as pessoas se lembrarem de como a noite é mágica e rica. Ele diz que sempre se sente inspirado a pintar um fundo noturno em seus quadros de seres angélicos e energias divinas. Adoro a forma como o céu noturno é retratado nas pinturas de Arthur, e falei com ele sobre isso. Ele respondeu: "A noite sempre me pareceu muito bela, com a suavidade daquele tom índigo. Sinto que ela é tão sagrada quanto a luz brilhante e eletrizada do dia". Arthur retrata em suas pinturas os anjos de muitas pessoas ou a impressão divina do que está acontecendo com elas. Ele contou-me que, depois de pintar o anjo de alguém sobre o fundo de um céu noturno, mais de uma vez aconteceu de a pessoa gostar do anjo, mas não gostar do céu escuro da noite, ao fundo. O mais provável é que essas pessoas estejam evitando e temendo as noites escuras que todos nós temos de enfrentar de tempos em tempos.

Todo mundo já ouviu dizer que os anjos fazem um grande trabalho interior conosco à noite, enquanto dormimos, quando o índigo sagrado nos envolve. Poderíamos fazer do nosso sono um período ainda mais transformador, se ficássemos cientes disso e fizéssemos um esforço para lembrar de nossos sonhos, tomando cuidado para não levar para a cama imagens negativas que poderiam influenciar os nossos sonhos. Eu trato desse assunto no meu primeiro livro, *Messengers of Light*, ao contar sobre uma ocasião em que estive com minha sobrinha de 4 anos. Ela tinha ficado acordada até bem tarde numa noite em que eu cuidara dela e, na tentativa de fazer o mesmo em outra ocasião, disse-me que eu não precisava me preocupar com o horário em que ela fosse dormir. Então explicou-me que, enquanto dormia, dois anjos flutuavam ao lado dela durante toda a noite, espantando os monstros e fantasmas para que ela pudesse ter uma boa noite de sono. Na época, minha sobrinha não sabia que eu me interessava tanto por anjos, e o que ela me disse fez muito sentido para mim. Então não se esqueça: os anjos estão sempre conosco e passam um bom tempo espantando os nossos monstros e fantasmas particulares.

IDÉIA PRÁTICA: A Cor Índigo

Por algum tempo, procure cultivar o gosto pela noite e pela cor índigo. Peça para que os anjos o ajudem. Observe o céu noturno numa noite clara, visite um observatório ou vá numa palestra sobre astronomia. Pense a respeito da aurora boreal, dos cometas e da luz prateada da lua que só podemos ver à noite, em toda sua beleza, em contraste com a escuridão. Pense na quietude da meia-noite, na calma, na escuridão e na paz que envolve a Terra quando o dia está prestes a amanhecer. Então, pare por um instante para expressar sua gratidão pelas dádivas da noite.

• 23 •
Acolha a Sombra

Não se atinge a iluminação
imaginando figuras de luz, mas
tornando a obscuridade consciente.
— C. G. JUNG

A citação acima é bem popular nos dias de hoje, pois ela faz referência a um fator importante para todo aquele que quer de fato atingir a iluminação. Vivemos num mundo físico de opostos polarizados; quando negamos as realidades do nosso mundo e a Lei Espiritual que o rege, desviamo-nos do caminho da iluminação. É essencial observar que, como seres humanos, nós encarnamos tanto as qualidades do divino quanto o lado sombrio dessas qualidades. Os anjos vivem na luz. Os seres humanos vivem com a luz que existe dentro deles, mas também no mundo do dia e da noite, da luz e da escuridão, do yin e do yang. Algumas pessoas que conhecem a bondade dos anjos ficam tão empolgadas com a força desses seres que esperam se comportar como eles. É por isso que é especialmente importante que "tornemos a obscuridade consciente", pois, quando tomamos a decisão de ver as qualidades do Divino sob a luz da consciência e passamos a cultivar o nosso amor por Deus, as qualidades opostas geralmente afloram e exigem nossa atenção.

A sombra se opõe aos ideais do ego e, se carregamos o nosso barco com luz demais e esquecemos de reconhecer a sombra, o lado sombrio faz com que o barco afunde. Em geral, quando falamos sobre a sombra, costuma se instaurar, quase que imediatamente, um clima de seriedade. No entanto, a sombra é simplesmente um efeito colateral e natural do fato de estarmos na luz. Quando encontramos os anjos, não podemos simplesmente fingir que essa sombra não mais nos acompanha, pois ainda estamos alojados num corpo humano que reflete a luz e também faz sombra. Assim como o belíssimo céu noturno nos oferece um espetáculo de estrelas, planetas e outras maravilhas que não podemos ver à luz do dia, nossa sombra nos pede para reconhecer não apenas os aspectos mais cômodos, ordenados, divinos ou estéreis da vida.

As pessoas, em geral, não conseguem se dar conta dos ímpetos obscuros e das qualidades inferiores que exigem nossa atenção ao emergir dos reinos sombrios da nossa psique. Espreitando das sombras, livres para agir por sua própria conta, essas qualidades ganham força e forçam caminho até a superfície. "O demônio nos faz" cometer adultério, machucar alguém numa briga de rua ou roubar a carteira de um pobre velhinho. Poderia ser que, de fato, "o demônio tenha nos tentado a fazer isso", pelo menos metaforicamente, mas e daí? Como é que chegamos ao ponto de deixar que "o demônio nos faça fazer algo"? Isso acontece quando não reconhecemos a coexistência da luz e das trevas, e quando projetamos as trevas que existem dentro de nós em outro ser e na proverbial maldade *dos outros*.

Por que tantas pessoas acreditam que a escuridão é algo ruim, na mesma medida até que a palavra *mal*? Se a escuridão fosse algo sempre ruim e a luz algo sempre bom, não haveria nenhuma dificuldade em se compreender o mundo. Só que não é esse o caso. Bom e ruim, certo e errado são julgamentos humanos e projeções que fazemos em coisas da vida que em geral não compreendemos perfeitamente. Como sabemos, quando fazemos um julgamento, colocamo-nos numa posição de autoridade que não deveríamos assumir. O que observamos e então julgamos é uma questão de percepção pessoal, de projeção e de comportamento programado.

Uma das fábulas de Esopo conta sobre uma mulher que, movida pela compaixão, num dia de inverno, trouxe para casa uma cobra congelada e aqueceu o animal com todo o carinho. Ela "aconchegou-a junto ao seio" e então a cobra, aquecida a ponto de recobrar seus instintos naturais, deu-lhe uma picada mortal. Então a mulher disse: "Como você pode me tratar assim depois de todo o bem que eu lhe fiz?" E a cobra respondeu: "Mulher tola, o que você esperava? Sou uma cobra!"

A natureza humana cobre todo o mapa, e você pode se ver num território hostil de tempos em tempos. Existem muitas pessoas que procuram compulsivamente por aquelas que nutrem um desejo sincero de ajudar e curar, para que assim possam se aproveitar do que estas lhe oferecem. Quantas não são as vítimas quando seres humanos cheios de compaixão e boas intenções se envolvem com psicopatas, o mais anormal dos seres humanos? Existe uma grande diferença entre ser ingênuo e ser inocente. Convém acreditar que o coração dos homens é sempre bom em sua essência? Depende de você acreditar ou não que todos os *Homo sapiens* são realmente humanos. Os animais muitas vezes nos tratam melhor do que os seres humanos. Por isso fique tão alerta e consciente quanto possível.

Se você teme a sua sombra, então pratique a virtude da humildade. Sempre que um orgulho excessivo tomar conta da nossa consciência, é como se tivéssemos feito uma chamada pessoal para o arquétipo do trapaceiro e o convidado para o seu tipo preferido de festa. O diabo não tem outra opção a não ser ignorar a alma humilde, pois a humildade faz com que o ser humano consiga admitir suas faltas, à luz do amor de Deus, e lidar com sua raiva e pensamentos obscuros sem violência. Aqueles que são realmente humildes conseguem rir de si mesmos de maneira divina. Quando demonstramos humildade, o pólo negativo da escuridão não é alimentado; a luz é honorificada e fortalecida.

Correr atrás de dinheiro é outra atitude na qual a sombra pode ser observada. Embora o dinheiro em si seja simplesmente energia que pode ser usada para os mais variados propósitos, a ânsia por dinheiro, em detrimento de todas as outras qualidades e valores, cria um vazio que nunca poderá ser preenchido. Quando somos pegos nesse círculo vicioso, parece que o dinheiro nunca é suficiente. Aviltar-se e conspirar para conseguir dinheiro é algo chato e pouco criativo. Interessante é quando a pessoa pára de aviltar-se por causa de dinheiro, deixa de corromper seus valores e prejudicar sua família e percebe que o dinheiro só pode oferecer um contentamento fugaz, e não muito intenso. Se aprendermos a viver com mais simplicidade e a sermos gratos por aquilo que temos, ficaremos muito mais sintonizados com a Lei Maior.

Quando integramos o lado sombrio do dinheiro — quando paramos de negar e reconhecemos que o dinheiro é uma energia neutra —, passamos a viver na verdadeira abundância. Isso inclui a expressão plena da nossa tendência natural para compartilhar nossa abundância com os outros. Também é importante notar que as pessoas têm diferentes caminhos a seguir na vida, no que se refere a dinheiro. É absolutamente possível acumular grandes riquezas e, ao mesmo tempo, seguir um caminho espiritual, mas, devido à obsessão da nossa sociedade com relação a dinheiro, essa tarefa nos impõe alguns desafios extras. Mais uma vez, os anjos podem nos ajudar a continuar a ser honestos com nós mesmos, quando encontrarmos o caminho mais apropriado para nós.

. . . .

IDÉIA PRÁTICA: Acolha a Sombra

Pense na possibilidade de passar um dia inteiro analisando de que forma a sombra se manifesta na sua vida. Você poderá, se quiser, anotar o que descobrir acerca de si mesmo, enquanto faz essa análise. Quais são as coisas a seu respeito que você evita reconhecer? Como você pode aprender com elas? Lembre-se, é possível — e absolutamente aconselhável — que você inicie essa tarefa com uma atitude bem-humorada, em vez de meramente crítica. Enfrentar a sombra à luz da consciência fará com que você fique mais forte e mais apto a se reunir aos anjos em todas as áreas da sua vida. Então, você tem fraquezas. Então, você não é perfeito. Mas, *e daí*? O que há de tão ruim nisso? Suas imperfeições são as marcas da sua beleza. Se você tem um desejo sincero de conhecer o Divino, não pode ignorar os aspectos sombrios do ser humano. Cultive a verdadeira humildade e aceite a si mesmo assim como é. Os anjos darão a você todo apoio de que precisa.

• 24 •

O Pacto do Arco-Íris

Assim como é o corpo físico,
Também é o corpo cósmico.
Assim como é o microcosmo,
Também é o macrocosmo.
Assim como é o átomo,
Também é o universo.
— OS UPANISHADES

Por um momento, procure se lembrar do mais lindo arco-íris que já viu, ou feche os olhos e imagine um arco-íris perfeito cruzando o céu, numa paisagem ainda molhada pela chuva. Agora pense no que o arco-íris simboliza para você, pessoalmente. Os arco-íris me fazem lembrar de que a luz do sol, na verdade, consiste num espectro de cores. Os arco-íris vêm no rastro das tempestades, quando o sol atravessa as nuvens mesmo que ainda esteja chovendo. Portanto, ele representa a esperança, pois mesmo enquanto há chuva — que costuma simbolizar as emoções —, belas possibilidades começam a brilhar com a luz do sol. Os dicionários de sonhos muitas vezes afirmam que sonhar com um arco-íris significa um tempo de grandes bênçãos, ou a hora de celebrar o fim do desespero. Em muitas culturas, o arco-íris simboliza a ponte entre o Céu e a Terra. No Velho Testamento, um arco-íris aparece a Noé, depois do fim do dilúvio, como um símbolo da benevolência de Deus e do pacto sagrado com a humanidade.

Vivemos num mundo de estações mutantes, dia e noite, sol e lua, marés altas e marés baixas, embora raro seja o dia que dedicamos ao menos um pensamento aos ritmos da Mãe Terra. As casas e escritórios são projetados para manter os elementos do lado de fora. Algumas pessoas saem de casa pela garagem, entram no carro, dirigem até o trabalho, onde estacionam em outra garagem, junto ao escritório onde passam o dia inteiro trabalhando. A não ser que elas saiam pela manhã para comprar jornal ou mais tarde para almoçar, passam dias inteiros sem sequer saber como está o dia lá fora ou se o sol está brilhando. Se não sairmos ao ar livre de vez em quando ou não prestarmos atenção ao que está acontecendo com a natureza ao nosso redor, perderemos uma parte da nossa ligação com os anjos.

A experiência humana tem sido distorcida por termos perdido contato com o mundo natural. O professor e escritor Gregory Bateson afirmou: "Os maiores problemas que o mundo enfrenta hoje são fruto das diferenças entre a maneira como a natureza age e a maneira como o homem pensa". Talvez, se olharmos de perto os problemas ecológicos que afligem a Terra e identificarmos os responsáveis pelas decisões que os causam, pode ser que venhamos a constatar que essas pessoas não têm um contato *reverente* com o elemento que estão poluindo. Às vezes, elas têm esse contato, mas, depois de terem passado o domingo pescando em alto-mar, ele é posto de lado e esquecido quando, na segunda-feira, chega a hora de decidir se vão ou não despejar poluentes químicos no mar.

Muitas decisões cruciais com relação à Mãe Terra são tomadas em escritórios luxuosos, dotados de ar-condicionado, plantas artificiais e sem nenhuma visão da água, localizados no último andar de arranha-céus, o mais longe do solo da Terra quanto alguém pode ficar no dia-a-dia. No mundo inteiro, pessoas com poder financeiro, confortavelmente instaladas em seus escritórios com vista panorâmica, estão tomando decisões cruciais a respeito de florestas e matas com as quais não têm nenhum contato, exceto quando viajam de avião.

Nosso corpo é constituído do mesmo material encontrado na natureza. Vivemos diariamente neste planeta, mas há dias que não temos praticamente nenhum contato com a Terra, um planeta vivo, que respira e também tem um espírito. Passamos dias inteiros sem tocar uma árvore, ser abençoados com o perfume de uma flor ou observar o céu adornado de nuvens que os anjos pintam para nós.

Algumas pessoas acham que a Terra tem uma energia maléfica — que nas ocasiões em que há terremotos ou furacões, a Terra é intrinsecamente má. Uma das coisas mais estúpidas mostradas nos noticiários da tevê são os nomes dados aos fenômenos da natureza. Cada emissora inventa um nome criativo para os eventos naturais, e algumas têm até mesmo pequenas trilhas sonoras que fazem fundo para todo o drama. Atualmente, a Califórnia tem passado por um período de fortes chuvas que estão causando muitos estragos na cidade; os noticiários as batizaram de "Fúria da Natureza".

Por que a chuva seria um ataque pessoal de ira e vingança sobre os pobres seres humanos que moram em planícies sujeitas a inundações, nas encostas traiçoeiras de morros e em mansões à beira-mar? Naturalmente que não se trata de uma vingança contra nós. Precisamos parar de brigar com a natureza e tentar subjugá-la ou controlá-la. Alguns dos problemas que o homem enfrenta durante os desastres podem ter origem na ganância e na arrogância; outros são simplesmente coisas que acontecem de vez em quando.

Deus nunca disse que a Terra e seus processos naturais são maléficos. Separar, caluniar e mentir são os significados originais da palavra *evil* (mal, em inglês). O que provoca a maioria dos nossos problemas é a ilusão de que estamos separados da natureza e do resto da humanidade. Quando nos separamos da Terra, achando que ela é um grande objeto inanimado que podemos pilhar e subjugar à vontade, perdemos a reverência pela vida e ignoramos uma das melhores formas de alcançar a divindade: a beleza da natureza. Quando nos apartamos do que sabemos ser certo e verdadeiro, e vamos em busca do que é falso e ilusório, causamos um desequilíbrio em nossa vida. Então nossas atitudes, nossos pensamentos e nossas intenções ficam desintegrados, resultando nos males do racismo, das guerras, da injustiça e do ódio. Quando nos separamos de Deus e dos anjos, nós nos apartamos da luz e passamos a viver na escuridão.

. . . .

IDÉIA PRÁTICA: O que é Sagrado?

Pare um momento para considerar o que é sagrado para você. Eu adoro as árvores, e não raro tenho uma experiência direta do divino quando entro em contato com uma árvore e com seu espírito guardião. Quando escrevo, sempre procuro um lugar em que eu possa ver uma árvore através da janela; quando preciso descansar um pouco, paro e fixo os olhos nela. Minha intenção é mostrar reverência; ficando consciente das árvores num nível profundo, minha alma penetra numa pujante forma de beleza que não se iguala a nenhuma outra. Pense em como você pode se ligar à natureza de uma forma sagrada, e faça isso diariamente. Se você tem uma árvore da qual gosta muito, saúde-a assim que se levantar pela manhã. Você também pode optar por saudar o sol, para que assim possa elevar seu espírito e já começar o dia em sintonia com os anjos.

• 25 •

As Cores Naturais não Destoam

O ressurgimento do real apresenta desafios e oportunidades que estamos apenas começando a compreender. Uma resposta sábia tem de basear-se no entendimento de como e por que surgiram as suposições modernas, em geral por razões absolutamente admiráveis. Como passamos a considerar corpo e mente como coisas separadas, a natureza como um recurso sem vida e o lugar como algo sem importância?

— CHARLENE SPRETNAK, A Resurgence of the Real

Tenho visto ultimamente, em títulos de livros, artigos de revista e bate-papos, muitos comentários acerca do que a escritora Charlene Spretnak chama de "o real". Muitas vezes, eu mesma me ouço usando essa expressão; pego-me querendo falar sobre a vida real, ligações reais, dinheiro real, tempo real. Isso porque a vida, hoje, não me parece real. O dinheiro perdeu sua "realidade", uma vez que a maioria das pessoas usa cartões de crédito, cartão do banco e talões de cheque. As ligações reais com outros seres humanos parecem estar mais difíceis. A maior parte das pessoas conversa com os amigos só pelo telefone. O tempo parece menos real do que costumava ser. Muitos de nós concorda com a idéia de que, hoje, as coisas parecem acontecer mais rápido e isso nos dá a impressão de que temos menos tempo real.

A boa notícia com relação a isso é o fato de que, se realmente queremos ser reais, não temos de dar uma volta pelo jardim, ganhar mais dinheiro ou conseguir mais tempo livre; temos simplesmente de restabelecer nossa ligação com os elementos do mundo natural. A chave é não se limitar a falar sobre isso, mas *conviver* com esses elementos do nosso próprio jeito. Quando o irreal parece estar prevalecendo, sei que, para que eu me sinta real e centrada em mim mesma, preciso sair e entrar em contato com o mundo natural, conversar com os elementos, com os espíritos da natureza e com os anjos da terra.

Imagine-se dando uma caminhada por um jardim tão cheio de flores que parece ter sido projetado pelos anjos. Colha um buquê de flores, reunindo as espécies das mais variadas cores. Agora segure o buquê à sua frente e observe se existe alguma cor ou flor que destoe das outras ou não combine com elas. Pode haver algumas que lhe agradem mais, mas se você soltar a mente e se imaginar entre aquelas flores, verá que todas as cores combinam entre si; elas são perfeitas do jeito que são. Agora imagine uma cesta de frutas. Mais uma vez observe se seria preciso mudar a cor de alguma delas para que combinassem com as outras. Ouça os cantos dos pássaros. Eles parecem estar fora de sintonia?

Agora imagine um grupo de seres humanos numa fila de banco, sexta-feira à tarde. Muitas pessoas olhariam em volta e começariam a criticar as outras: "Nossa, olhe a roupa daquela ali... Humm, aquele outro deveria fazer uma plástica no nariz... Aquele, então, parece até que fez, mas não deu muito certo...". Ouço muita gente falando sobre a pessoa com quem estão saindo, descrevendo pequenos detalhes do rosto, das mãos, do corte de cabelo ou da falta de cabelo. Também ouço muitos dizerem que não podem sair com certa pessoa porque não suportam um mal hábito que ela tem ou porque detestam a cor do cabelo dela ou alguma característica da sua anatomia. Mas será que é nisso que queremos prestar atenção? Por que passamos a demonstrar esse criticismo exagerado com relação ao nosso corpo? O que faz com que as pessoas só prestem atenção nas imperfeições que prevalecem no corpo humano? Será que há algum meio de mudar isso?

Com todas essas imagens de beleza idealizada com as quais somos bombardeados nesta sociedade mundana, o criticismo passou a ser incentivado. Embora seja natural que algumas coisas nos atraiam, e cada um de nós veja a beleza de um jeito diferente, eu, pessoalmente, acho que a nossa infelicidade é causada, em grande parte, pela nossa incapacidade de ver a luz e a beleza interior das formas de vida ao nosso redor. Deus está em todo lugar, em cada rosto que reflete a luz. Quando aprendemos a cultivar essa forma de ver a vida, passamos a ver como os anjos vêem.

Acho interessante o fato de que não costumamos ouvir ninguém criticando a aparência física dos bebês e das crianças pequenas. Quando olho um bebê, vejo Deus numa nova forma. Você pode se imaginar contemplando uma centelha de Deus que acabou de nascer e dizendo: "Acho que vai ser preciso mudar o desenho dessa boca; e as mãozinhas dele são rechonchudas demais; acho bom ele fazer uma dieta". Quando ouço um adulto falando sobre a "boa aparência" de uma criança em particular ou comparando a beleza dela com a de outras crianças, tenho a impressão de que algo está errado. Esse tipo de conversa me incomoda muito. Por muitos anos trabalhei com crianças de todas as idades, e todas elas me pareciam lindas. Uma das transições mais tristes que existe ocorre quando elas amadurecem e começam a encontrar todo tipo de defeito em si mesmas.

. . . .

IDÉIA PRÁTICA: Luz Interior

Deus e os anjos não julgam a nossa aparência; os espíritos da natureza não nos negam a beleza da natureza só porque nossa aparência física não é das melhores. O reino etérico reconhece as pessoas pela sua luz interior. Na minha opinião, se os seres humanos tivessem o hábito de ver no outro a luz que ele encerra dentro de si, seríamos muito mais felizes. Procure ver a luz interior de todas as formas de vida. Peça a ajuda dos anjos e de Deus para que você possa ver como eles. Logo isso vai se tornar uma parte prazerosa da sua forma de encarar a vida. Olhe em volta de você e comece a ver a luz.

• 26 •

Os Cinco Elementos

No momento em que começamos a prestar muita atenção em algo, nem que seja um simples pedaço de vidro, aquilo passa a se revelar um mistério, algo maravilhoso, um mundo absolutamente indescritível por si mesmo.

— HENRY MILLER

Os cinco elementos — o fogo, a água, a terra e o ar — formam a base de antigas formas de conhecimento que os usam como uma forma de tentar explicar o mundo físico. Temos uma antiga lembrança de como esses elementos são importantes para que possamos entender a vida. Os elementos compartilham uma forma de consciência muito parecida com uma força angélica extremamente impessoal, que mantém as coisas em movimento no nível primordial da criação. Se ficamos mais conscientes desses cinco elementos, conhecendo-os mais de perto e mantendo uma atitude reverente com relação a eles, nossos caminhos na vida se abrem para novas bênçãos, mais criatividade e uma ligação mais profunda com os anjos.

Dentro de nós, existe um impulso orientador que nos leva a recuperar nossa verdadeira natureza, ou nosso senso de saúde e plenitude com cada um dos cinco elementos.

Fogo. Esse elemento representa o espírito. A visão é o sentido que corresponde ao fogo e ao espírito. Por meio do espírito, encontramos os anjos do fogo; a visão e a compreensão divina são formas de fortalecermos o espírito.

Água. Esse elemento representa a alma; nossa alma é o reino dos tesouros espirituais. O sentido do paladar entra em ação por meio da alma e da água. A alma guarda o impulso de provar e sentir os sabores da vida de um modo muito mais profundo e misterioso, e do qual a explicação e a lógica não participam.

Ar. Nossa mente corresponde ao elemento ar. O sentido que corresponde à mente é o toque, por isso apelamos para os aspectos do toque, para entrar em contato e nos ligarmos com os anjos. Para entender nossa mente e as qualidades da inspiração (o sopro de Deus), encontramos os anjos do ar.

Terra. Esse elemento representa nosso corpo físico, que é constituído dos mesmos minerais e substâncias químicas encontrados em todo o nosso planeta. Nosso sentido do olfato nos deixa mais próximos dos anjos da Terra. Ele nunca mente para nós; os anjos da Terra nos ajudam a saber o que é real e a valorizar a substância física. Os anjos espalham pelo ar maravilhosos aromas celestiais, quando estão "fisicamente" por perto.

Éter. O coração é o nosso guia para os reinos superiores do éter. As influências dos elementos têm todas a mesma importância, mas o éter, o quinto elemento, é o que prevalece sobre todos os outros. Podemos conhecê-lo como energia chi ou qi, prana, força vital ou energia divina. Se considerarmos a importância do som e da vibração, passaremos a ter uma compreensão mais profunda do éter. Assim como o éter prevalece e fornece energia para todos os outros elementos, o coração é o centro de energia do nosso corpo, que dá vida a todos os outros órgãos. Também é o centro em que verdadeiramente encontramos Deus. Quando segue o coração, você encontra seu caminho de casa.

Os anjos nos guiam para que cultivemos o equilíbrio nos cinco domínios, ou campos da consciência em que experimentamos o mundo: nossa vontade de agir (espírito ou fogo), o equilíbrio com relação aos nossos sentimentos (alma ou água), os nossos pensamentos (mente ou ar), o nosso templo (corpo ou terra) e a nossa ligação com Deus (coração ou éter). Existe uma concordância instintiva na psique humana com respeito a esses cinco domínios que atuam cada uma à sua maneira para nos proporcionar a experiência humana por meio dessa composição divina.

Eis um meio de imaginarmos isso: em primeiro lugar, somos espírito; concordamos sobre a alma — trata-se de um chamado para o nosso espírito. Então emergimos como ar e inspiramos pela primeira vez, o que dá início à nossa presença física na Mãe Terra. O éter nos mantém vivos, assegurando que os elementos vibrem num certo padrão, de forma que possamos ser quem somos e ter uma experiência espiritual na Terra, enquanto compartilhamos o dom especial do amor que temos no coração.

Na natureza, os cinco elementos apresentam-se em forma circular. A água faz círculos quando jogamos algo nela, e forma uma espiral quando escoa pelo ralo. O fogo queima em círculos, e nós tendemos a ficar em círculo em volta do fogo. O ar rodopia em círculos às vezes, e freqüentemente dizemos "Vamos deixar o ar circular". A Terra é um círculo, e o éter circula em torno dela. A palavra *encantamento* (*enchantment*, em inglês) significa cercar com cantos, que é aliás o papel do éter, o som primordial.

As rodas representam os ciclos e os ritmos, uma outra coisa que os seres humanos simplesmente não podem ignorar. A roda, ou mandala, é um círculo mágico sagrado. O psiquiatra Carl Jung incentivou o uso da mandala como um instrumento de contemplação que nos leva a entender que a vida tem significado e ordem, e que esse conhecimento pode trazer paz interior. Ele achava que a prática de elaborar mandalas podia proporcionar equilíbrio interior e entendimento.

Também recuperamos o equilíbrio interior e a paz de espírito se nos dedicarmos ao misterioso mundo invisível dos devas e dos divertidos espíritos da natureza. Você já se sentiu revigorado depois de sentar às margens de um lago tranqüilo, de afundar as mágoas numa banheira fumegante ou de mergulhar nas ondas do mar? Você já sentiu como se tudo de que precisasse fosse encher os pulmões com ar puro ou sentir uma brisa fresca, para voltar a se sentir centrado e refeito? Você já teve o impulso de andar descalço na terra, deitar num monte de grama e perder-se em devaneios, ou abraçar uma rocha aquecida pelo sol para se sentir ligado à terra? Você já se admirou com o significado de uma lareira ou do fogo do fogão, ou acendeu uma vela e sentiu a paz especial que ela transmite? Já teve um vislumbre do reino etérico? Já foi tocado pelo amor divino dos anjos ou sentiu uma infusão de amor e felicidade sem nenhum motivo especial?

Se respondeu sim para qualquer uma dessas perguntas, então você tem intimidade com os elementos e permite que essa energia cure você. Se as suas respostas foram afirmativas e você pode, por experiência própria, sentir-se mais próximo de Deus e mais pleno e centrado, então você tem uma intimidade divina com os anjos da natureza.

IDÉIA PRÁTICA: Desfrute os Elementos

Vivemos num mundo mágico em que os anjos cantam para nós. Aguçar os sentidos para perceber o Divino e desfrutar uma intimidade mística com os elementos é algo que está ao alcance de qualquer um. Isso acontece naturalmente quando deixamos que os anjos orquestrem o equilíbrio dos elementos na nossa vida. Mas se você não está em contato com algum dos cinco elementos, então é muito provável que esteja se sentindo "desligado" de uma parte de si mesmo. Recupere esse contato passando por uma experiência física com cada um dos elementos. Isso exercerá uma influência profundamente terapêutica sobre você, especialmente se passar por essa experiência enquanto presta atenção nos anjos.

Pratique alguns exercícios respiratórios ou simplesmente concentre a atenção no ar que entra e sai dos seus pulmões. Acenda uma vela e aprecie sua beleza. Ande descalço na terra; toque o solo com as mãos. O contato com a água parece definitivamente nos fazer entrar em contato com a nossa alma, além de acalmá-la. Deixe-se levar pelo estímulo dos anjos e procure ficar em contato com a natureza mais freqüentemente. Você pode descobrir quais são suas necessidades mais íntimas observando o que mais o atrai, quais são os seus interesses e suas maiores aspirações. Às vezes, a lufada de ar que enche nossos pulmões quando já estamos perdendo o fôlego, o gole d'água que mata nossa sede ou a mais intensa centelha de fogo ou paixão passa a ser não só uma experiência física, que temos por intermédio de um sonho ou de um lampejo intuitivo, mas uma experiência vivida no reino da psique.

• 27 •
A Essência dos Elementos

O Buda permanece na montanha Yon San,
Colhendo flores, transmitindo o Dharma.
Vento Frio. Flor e Lua.
Cada coisa é completa.
—ANÔNIMO

Tenho notado em mim mesma e nas pessoas que conheço bem que nós todos parecemos estar um pouco desligados de um dos cinco elementos e muito ligados a pelo menos um deles. Algumas vezes, sem que seja preciso fazer um grande esforço de imaginação, consigo relacionar esse fato com o mapa astrológico da pessoa. Por exemplo, sinto como se eu tivesse nascido com um entendimento intrínseco do fogo. Não estou afirmando que sei tudo sobre esse elemento, mas algo em minha psique sente um certo grau de intimidade com ele.

Num verão, em que eu tinha por volta de 10 anos, eu e um amigo que morava nas proximidades passávamos o tempo "brincando com fósforos" e fazendo experiências com o fogo. Tanto eu quanto ele tínhamos muitos signos do fogo no nosso mapa astrológico. Algumas das nossas experiências com fogo eram meio perigosas e tínhamos muita sorte de não nos machucarmos de verdade, graças aos anjos, sem dúvida. Eu *nunca* recomendaria isso a ninguém, embora tenha de dizer que aprendi muito naquele verão sobre a natureza intrínseca do fogo, além de desenvolver uma reverência saudável por ele.

Com o ar, especialmente o vento, não tenho a mesma afinidade. Sinto-me incomodada com o ar seco e nunca gostei muito de ar-condicionado. Sinto-me instantaneamente "fora do meu elemento", quando o famoso vento Santa Ana sopra no sul da Califórnia. Moro num lugar em que a ameaça de perder a minha casa devido a um incêndio causado pelos "ventos do demônio", mais de uma vez chegou bem perto de se concretizar. Portanto, minhas experiências com o vento não têm sido das melhores, e tem me deixado com muito medo. Tenho uma amiga que adora o vento, e seu signo solar pertence ao elemento ar. Essa amiga, que é extremamente inteligente, não tem nem idéia de como fazer um bom fogo. Uma simples vela queimando tem o poder de afugentá-la. Uma vez, ela tentou acender a lareira e fez com que o fogo ficasse totalmente fora de controle; no mesmo instante eu soube o que fazer para contê-lo. Essa mesma amiga, no entanto, está em sintonia com o elemento ar, e é muito sensível quanto à qualidade do ar. Não quero fazer um estereótipo, mas devo dizer que muitos dos meus amigos, do passado e do presente, cujo signo solar pertence ao elemento ar tem problemas com o elemento fogo, e, como sabemos, o ar pode fazer com que o fogo fique fora de controle.

Este não é um livro de astrologia e eu decerto não sou uma astróloga, mas quero frisar que os elementos compreendem uma grande parte da influência mística e dos padrões energéticos da astrologia. Para sabermos mais a respeito dos elementos mais fracos ou ausentes na nossa vida, convém dar uma olhada no nosso mapa astrológico. A astrologia não nos dá uma visão completa da pessoa, além de não ser exata — como já mencionei, acho que ela tem lacunas na área do divino feminino —, no entanto, pode oferecer algumas dimensões interessantes para explorarmos.

Se fizermos uma avaliação de todos os elementos e aprendermos como usar aqueles com os quais não estamos em contato, então nos sentiremos naturalmente muito mais equilibrados, além de cultivar uma reverência muito maior pela vida. Segundo uma teoria, o elemento com o qual temos menor intimidade pode fazer mágica por nós, quando ousamos integrar suas qualidades à nossa vida. Geralmente projetamos os elementos que nos faltam nas outras pessoas, antes de nos dispormos a tomar posse deles. Por exemplo, pense em alguém que você admire, embora ache diferente de você. Então observe que elemento essa pessoa tem e você, não. Nesse elemento está a chave para algum potencial que você tem dentro de si; se resolver explorá-lo, ele pode lhe proporcionar uma das chaves para o seu chamamento.

. . . .

IDÉIA PRÁTICA: Entenda o seu Elemento

Em nossa busca por entender a nós mesmos, geralmente concentramo-nos demasiadamente no que pode ser visto, conhecido e nos deixa à vontade. Para mim, é muito interessante a idéia de que é importante não pensar muito no que é óbvio e fácil de apreender, mas sim investigar o que nos é misterioso e parece estranho ao nosso elemento. Carl Jung chamou a isso de "função inferior". De acordo com ele, pode ser muito benéfico entrar em contato com o aspecto menos conhecido de nós mesmos. Portanto, uma vez mais, o elemento que menos incorporamos ou expressamos nos proporciona o melhor acesso até a nossa mágica, lugar que os anjos invadem corajosamente.

Procure analisar a teoria de que qualquer elemento que pareça menos familiar pode ser uma via de acesso a um maravilhoso fogo criativo e promover inspiração para sua vida. O que cura você pode estar vinculado àquilo que o deixa doente. Sua fraqueza pode tornar-se sua maior força, assim como o osso mais frágil, quando se recupera de uma fratura, passa a ser mais forte do que todo o resto. Considere a possibilidade de explorar essas idéias da forma que achar melhor.

• 28 •
O Fluido Precioso dos Céus

O senso de ritmo é algo muito antigo. Toda a vida originou-se do oceano; cada um de nós surgiu das águas do útero; o fluxo e refluxo das marés estão vivos no fluxo e refluxo da nossa respiração. Quando você está no ritmo da sua natureza, nada que é destrutivo pode atingir você. A Providência está do seu lado; ela o observa com cuidado e o leva a divisar novos horizontes. Ser espiritual é estar no ritmo.

— JOHN O'DONOHUE, Anam Cara

Os filósofos da Antigüidade consideravam a água o primeiro elemento, a mãe de todas as coisas. A água é um símbolo da vida, pois sem ela não existiria a vida assim como a conhecemos. A pia batismal foi projetada de forma a parecer um útero — o útero de Maria, o feminino divino — e o batismo era um nascimento para o espírito, ou fogo. O ato simbólico do batismo inclui muitas coisas; uma delas é trazer o Céu para a Terra e levar a humanidade ao Céu. A água é usada para limpeza, e o fogo sagrado — representando o espírito sagrado — é o meio pelo qual somos purificados. A água flui montanha abaixo e o fogo sobe montanha acima; então o fôlego se renova como uma iniciação ao elemento ar e aos éteres.

De acordo com os ensinamentos de certas escolas de mistério, a cerimônia do batismo era originariamente uma experiência de quase-morte, em que os iniciados eram mantidos embaixo d'água até que estivessem prestes a se afogar; então, eram reanimados. A idéia do renascimento tornou-se mais do que um conceito abstrato; ele era um evento real, que tinha fortes repercussões na psique da pessoa. O fato de a pia batismal ser descrita como um útero reforça essa idéia de nascer novamente, dessa vez para a vida da alma em vez da do corpo.

A maioria das religiões que cultuam a deusa erigiu santuários, em homenagem ao feminino, perto do mar, de poços, lagos e fontes. Grutas dedicadas a Maria geralmente têm uma fonte de água milagrosa. A água é maternal. A Dama do Lago é a deusa do amor, e a água é muitas vezes usada em metáforas a respeito do amor. Nós ansiamos por uma ligação mítica com a vida, e nada representa tão bem esse nosso anseio mítico quanto a reação que o mundo todo teve à morte da princesa Diana, que é agora uma Dama do Lago.

Várias mitologias referem-se à água como o fluido precioso dos Céus. Os chineses consideravam a lua um "vaso" contendo a água que era a fonte da vida na Terra, enquanto os egípcios acreditavam que as lágrimas dos olhos da Deusa Maria produziam a chuva que concedia a dádiva da vida. Se a deusa chorasse copiosamente, no entanto, o infeliz resultado seria uma inundação. Além do mais, todas as culturas têm crenças relacionadas ao Poço da Vida, à Água da Vida ou à Fonte da Juventude.

A água do oceano representa o inconsciente, as profundezas do nosso mundo interior, o reino da alma. Esse é o mundo dos sentimentos, da intuição dos anseios espirituais — onde estão, na verdade, as mitológicas fontes da juventude e da imortalidade. Quando prestamos atenção nos nossos sentimentos, reconhecemos nossos desejos mais profundos, buscamos o equilíbrio do nosso mundo emocional assim como do nosso corpo e nos ligamos à sabedoria divina, que é a fonte da vida eterna. Ficamos mais felizes e realizados e, em decorrência disso, sentimo-nos mais jovens e bem-dispostos.

O envelhecimento e a morte deixam de fazer sentido quando ficamos tão atentos às paixões da alma que não temos tempo a perder com nada que não seja o puro prazer de estar vivo. Pelos mesmos motivos, quando ignoramos nossos sentimentos e as necessidades da nossa alma, nossa vida fica vazia, árida e desolada como um deserto. Podemos sofrer de ansiedade ou ter pesadelos, quando nosso eu, sentindo-se ignorado, agita-se nas profundezas do inconsciente, exigindo, como os dragões e serpentes da mitologia que se movimentam furtivamente sob a superfície do mar, que nós o confrontemos e o aquietemos antes que os portões do paraíso possam ser subitamente abertos.

Numa tarde, durante uma repentina onda de calor, fui visitar minha amiga Jai. O clima estava tão quente e seco que me sentia esgotada e sem nenhum ânimo. Mesmo dentro da casa de Jai, o ar-condicionado não parecia fazer muita diferença, e então passamos a conversar sobre como nos sentíamos desligadas da vida. Quanto mais falávamos sobre a aridez que sentíamos, mais sem ânimo ficávamos. Chegamos ao ponto de achar que o ar quente e seco era um sinal do fim dos tempos. Depois de representarmos nosso drama por algum tempo, eu disse a Jai: "Preciso de água — não um copo d'água — muito mais do que isso; preciso banhar todo o meu ser". Então sugeri que evocássemos os anjos da água, saindo ao ar livre e fazendo chover.

Do lado de fora da casa de Jai, há um belo pátio de lajotas, com lindas árvores, plantas e até uma fonte rodeada de samambaias, embora tudo parecesse estar como nós: seco, ressequido, árido. Cada uma de nós pegou uma mangueira e começou a jogar água em tudo, na fonte, nas árvores, nas samambaias e inclusive uma na outra. Logo estávamos rindo felizes, e um passarinho começou a brincar na água e a cantar para nós. Sentimo-nos revigoradas pela experiência com a água e o jardim parecia muito mais feliz e verdejante. Uma outra amiga parou por um instante para fazer uma visita e dissemos a ela que tinha acabado de chover, somente sobre nós, naquela pequena área. Como as árvores ainda gotejavam água, ela estava quase acreditando em nós quando dissemos que fora como um milagre. Mas logo depois contamos a ela a verdade e nossa amiga adorou a brincadeira. Todas rimos e falamos sobre como a água é milagrosa, como foi capaz de sanar nossa falta de energia vital.

Não raro sinto que preciso tomar uma chuveirada, nadar ou tomar um banho de banheira para me recompor, depois de passar por uma experiência difícil. Uma vez, uma janela despencou sobre a minha mão, quebrando dois dedos. Logo que isso aconteceu, entrei no chuveiro e deixei a água escorrer, para amenizar o choque. Assim eu me acalmei e pude pensar no que fazer em seguida. Sinto-me claustrofóbica se não tenho água pura para beber ou um chuveiro por perto onde possa tomar um banho. A meu ver, a água, além de ser fundamental para a sobrevivência do corpo, também é muito importante para a sobrevivência da nossa psique e da nossa alma.

Tenho curiosidade em saber se a valorização cada vez maior que se deu nos últimos anos à noção de alma, freqüentemente mencionada em termos de água, estimulou nosso gosto por chafarizes. É interessante pensar que os chafarizes de mesa tornaram-se tão populares, juntamente com os chafarizes de jardim, que costumavam ser difíceis de encontrar, além de ser extremamente caros. Hoje, no entanto, eles são uma parte integrante de todo jardim. Muitas pessoas não vão a lugar nenhum sem uma garrafa de água na mão e, para algumas, essa garrafinha parece mais um colete salva-vidas. Talvez elas estejam protegendo a própria alma com esse gesto simbólico. A água também é um símbolo da nossa ligação com o feminino. Quando temos reverência pela água, ajudamos a trazer para mais perto as dimensões do feminino divino, tão necessário no mundo de hoje.

IDÉIA PRÁTICA: Banhe-se

Pense sobre a importância da água para nutrir o nosso corpo. Para você, que aspecto da vida mais se assemelha à água — profunda, misteriosa? O que parece nutrir, purificar e conceder-lhe o dom da vida? Que aspecto da sua vida pode estar precisando de purificação, renascimento, uma nova visão e uma atitude renovada?

Feche os olhos agora e deixe a mensagem ou a imagem da água ser apreendida pelo seu inconsciente, germinando como uma semente de consciência e crescimento renovados. Pense nas muitas formas que a água pode tomar e na imagem da água que lhe parece mais marcante. A água pode ser tranqüila, como num lago ou piscina, refletindo algo importante da sua vida. Pode surgir para você como um rio, a fonte da vida de civilizações inteiras. Você também pode vê-la como um fluxo, e talvez precise pensar nas coisas como um fluxo de consciência. A água pode vir de um poço, que lhe garante a sobrevivência, nutre seu corpo e lhe proporciona discernimento. Pode vir na forma de nuvem ou de uma névoa; os chineses acreditavam que as nuvens formavam-se a partir da união entre yin e yang, simbolizando a paz. Se, na sua imagem mental, algo estiver envolto em névoa, é sinal de que isso tem um significado misterioso e mágico. Brinque com as várias formas que a água pode assumir e beba-a em profusão para matar a sua sede.

• 29 •
INSPIRAÇÃO NO AR

O mundo dos pensamentos reside no ar.
Todos os nossos pensamentos são formulados no elemento ar.
Nossas idéias mais grandiosas nos ocorrem graças à generosidade do ar.
É ali que o conceito de inspiração fundamenta-se — você inspira ou
sorve o pensamento disperso no elemento ar.

— JOHN O'DONOHUE

O ar é o elo entre a Terra e o Céu, entre nosso eu físico e nosso eu espiritual. Algumas vezes nutrimos a idéia de que o ar é vazio e ocioso, pois é algo que não podemos ver da maneira como vemos o fogo arder ou a água escorrer. Pare por um momento e pense em todas as coisas que estão acontecendo no ar exatamente agora. Como ele está? Quente, fresco, úmido ou seco? Que cheiro ele tem? Se você está num ambiente fechado, pense em como o ar é diferente lá fora. Pense em todos os sinais que estão sendo transmitidos pelo ar neste exato momento. Pense em onde os anjos estão. Quando Gideon, filho de minha amiga Shannon, tinha por volta de 6 anos, perguntamos onde ele achava que os anjos estavam. Gideon respondeu: "Ah, estão flutuando no ar".

Sentimos o ar de maneiras sempre variadas. Ele pode estar quieto e tranqüilo, ou pesado com a iminência de uma chuva. Pode estar cálido no clima confortável do verão ou gélido com o sopro do inverno. Pode vir na forma do suave toque de uma brisa ou com a fúria de um tornado. Pode nos arrastar numa forte corrente, dentro qual pode haver outros ventos, forças energéticas e mudanças soprando continuamente. Ele pode fazer parte de nós aqui e acolá, ou mascarar movimentos interiores com uma aparência de tranqüilidade.

Com a respiração e com o ar somos apresentados a uma miríade de fragrâncias e cheiros, todos os dias. Nosso olfato é um dos sentidos mais aguçados e é o mais confiável em termos de memória. Um aroma no ar pode evocar instantaneamente uma lembrança distante, da nossa infância. Eu uma vez tive uma professora que dizia que, se fôssemos a uma festa e nos interessássemos por alguém em especial, em vez de nos guiar pela visão, deveríamos confiar no nosso olfato. Assim estabeleceríamos uma profunda ligação com essa pessoa e haveria uma química melhor entre nós.

Valorize o seu olfato. Acho que esse sentido será ainda mais importante no futuro, quando tivermos de aprender a confiar cada vez mais naquilo que não podemos ver. Existe muita coisa no ar que, é preciso admitir, simplesmente não pertencem a esse elemento — incluindo poluentes químicos que nossos carros e fábricas espalham por aí. Como o ar costuma ser invisível aos olhos, é importante que tenhamos fé nesse elemento e no nosso olfato.

O ar é o reino das idéias, além de nos lembrar do poder da inspiração. Como o pensamento sempre precede a ação, para termos sucesso é preciso que nosso empenho seja fundamentado em sólidos alicerces estratégicos e acompanhado pela inspiração divina para energizá-lo. A inspiração é o sopro de Deus; é a força vital divina que nos mantém vivos. A melhor coisa acerca da inspiração é que ela é de graça. Você não pode comprá-la, embora ela possa provir de algo que você tenha comprado. A inspiração existe dentro e em volta de nós o tempo todo; nosso trabalho é o que mantém nossos receptores de inspiração sempre abertos e prontos para entrar em ação.

Quando nos deixamos levar pela nossa tagarelice interior e pelo hábito de querer explicar tudo, podemos desperdiçar a energia especial e o dom da inspiração. Por exemplo, digamos que você tenha lido sobre a bela história de alguém que testemunhou um milagre dos Céus. A história o deixou todo arrepiado e aqueceu seu coração com um sentimento de esperança. Agora, o que você acha que acontece quando começa a pensar muito a respeito e a fazer perguntas que só Deus poderia responder? Perguntas como: "Como podemos saber se isso de fato aconteceu, e que essa pessoa não está simplesmente inventando essa história?, "Por que os anjos ajudaram essa pessoa a se livrar de uma doença ou do perigo e deixam outras sofrerem ou morrerem em circunstâncias parecidas?". Essas perguntas tendem a tirar todo o nosso entusiasmo. A inspiração é uma dádiva para a mente, embora possamos facilmente bloqueá-la ou desperdiçá-la.

Tenho notado, ao longo dos anos, que alguns escritores e eruditos que anseiam por ser conhecidos pela capacidade do seu intelecto tentam dar explicações técnicas a respeito de questões como o debate sobre os anjos terem ou não asas. Tenho lido, inclusive, obras publicadas recentemente que querem aniquilar com conceitos populares sobre os anjos, e substituir belas imagens por descrições extremamente entediantes. Eu gostaria de saber onde esses escritores e eruditos foram buscar essas informações. Será que elas provêm de uma intuição profunda ou da experiência deles? Onde está a inspiração?

Nós, seres humanos, somos sensíveis aos símbolos. Expressamos a beleza e a visão divinas por meio da arte. Se a maioria dos anjos representados nas obras de arte é alada, obviamente isso simboliza algo real que existe na psique coletiva. Os anjos aparecem aos seres humanos de acordo com capacidade que eles têm de aceitar e entender a aparência. As asas são símbolos da ligação divina com a beleza, por isso, para que discutir se os anjos têm ou não asas? Desde quando discutir sobre particularidades dos anjos, como quantos podem dançar na cabeça de um alfinete, nos traz alguma vantagem a não ser dor de cabeça? Os anjos inspiram, e é isso que fica gravado no coração depois de uma experiência angélica.

. . . .

IDÉIA PRÁTICA: Inspiração

Comece o processo da inspiração respirando profundamente. Encha os pulmões de ar, imaginando que você está inspirando o amor e a inspiração dos anjos. Então solte novamente o ar numa longa expiração. Cada movimento respiratório pode ser uma oportunidade para arejar a mente e redescobrir a fonte da sua inspiração mais profunda. Cultivando a qualidade da inspiração, você abre novos caminhos que o levam a pensar de forma mais criativa e a expressar o amor com mais alegria e plenitude.

•30•
Deixe a Mente Repousar no Coração

Bom, ruim, diferente, igual, superior, inferior —
tudo existe na nossa cabeça, não no coração...
Mas se a mente repousar no coração, ela terá uma perspectiva muito melhor. Do contrário, ela só correrá atrás do próprio rabo, até que receba de um anjo o beijo da paz, que fará com que ela nunca mais seja a mesma. O coração se expandirá e explodirá de alegria, eclipsando a mente até a insignificância, no vulcão do fogo e da vida.

— RICHARD STINE

Adoro essas palavras de Richard Stine por vários motivos. Acho que elas trazem à tona verdades veementes sobre o coração e sobre por que temos tanta dificuldade para segui-lo — pelo menos até que os anjos se acerquem de nós com seu "beijo da paz". Uma vez que isso aconteça, é verdade, nunca mais somos os mesmos. Quando os anjos nos tocam, nunca mais conseguimos ignorar o coração, pois foi nos dada a chance de nos abrir para o amor. Depois disso, passamos a ter problemas, pois o coração quer ter muito mais oportunidades de amar e não se importa em se partir ou se entristecer quando sofremos uma perda. O coração tem coragem e sabe que, não importa o que aconteça, o amor vale cada momento de dor.

O coração é um órgão misterioso. Ele continua a confundir cientistas da área médica; descobertas acerca de como o campo eletromagnético do coração reage a estímulos emocionais nos dão uma idéia de como o amor e os relacionamentos são importantes para a saúde do coração e do corpo. O coração é natural; é incorruptível, intocável e livre para seguir o seu curso. O curso natural do coração é amar, aberta e livremente. Gostamos de ouvir dizer que alguém tem um grande coração. Quem tem um grande coração dá mais espaço para a aceitação.

O coração também é indomável. Se entendermos nosso espírito indomável, aprenderemos a viver nos domínios do coração e a conhecer nosso eu-coração. Às vezes, divertimo-nos com as pessoas que se deixam levar pelo coração. No entanto, é imperioso que passemos a valorizar as partes de nós que são autênticas. Quando os sentimentos brotam do coração, não precisamos discutir com eles, explicá-los por meio do intelecto ou analisá-los. Nosso coração oferece um ponto de contato para o nosso relacionamento com Deus. Ele é a morada das nossas verdadeiras intenções, e são a elas que Deus e os anjos são sensíveis. Se você segue o coração, Deus sempre saberá onde encontrá-lo.

Quando você deixa que o coração oriente a sua vida, sabe que, quanto mais fiel for a ele — na hora de procurar respostas, fazer as coisas acontecerem, encontrar o seu caminho particular para a fonte de todo amor e para viver a vida conforme suas próprias escolhas —, mais feliz e bem-sucedido você será. Viver de acordo com o coração e assumir sua responsabilidade pessoal pela maior parte do que acontece na sua vida dará a você os ingredientes para estabelecer uma ligação verdadeira com as outras pessoas, de formas saudáveis e especiais. Ocorre-me agora uma citação de Antoine de Saint-Exupéry: "Só com o coração podemos ver de verdade; o essencial é invisível aos olhos". Siga o seu coração, ele o afastará do medo e o levará a sentir a bem-aventurança do amor profundo.

. . . .

IDÉIA PRÁTICA: Siga o Coração

Pense no coração como um mensageiro. Que mensagem ele tem para você? Cultive o hábito de prestar atenção às mensagens que ele trás a cada dia. Perceba como você fica mais alegre e sereno quando segue a orientação dele. Agora, pense no coração batendo no centro do seu peito. Comece a respirar devagar e profundamente, imaginando a paz cercar seu coração com partículas cintilantes de luz angélica. Deixe a luz fluir pela sua corrente sangüínea e inundar de paz todas as suas células. Você pode repetir esse exercício várias vezes durante o dia.

• 31 •
O Fulgor dos Anjos

Se desistíssemos das "projeções do eu", tão prezadas por muitas terapias e teorias da área da psicologia, da educação e da espiritualidade, poderíamos voltar a ver os anjos; pois a luz ofuscante do interesse por nós mesmos nos deixa cegos para o fulgor desses seres... Independentemente de estarmos preocupados com nosso próprio "eu" ou com o dos outros, isso nos impede de valorizar os anjos que estão nos portais do que é verdadeiramente profundo e íntimo.

— THOMAS MOORE, The Re-Enchantment of Everyday Life

A citação acima, da autoria de Thomas Moore, faz-me lembrar de que precisamos manter vivo o fogo sagrado que existe dentro de nós, mas não a ponto de deixá-lo ofuscar tudo à nossa volta. Se nosso fogo, nosso espírito, está ardendo excessivamente no egoísmo, ele acabará empalidecendo o brilho dos anjos. Se nosso espírito for como uma bela chama que brilha como uma vela e irradia amor, então teremos a luz necessária para perceber o fulgor dos anjos.

De todos os elementos, o fogo é talvez o que simbolize melhor o espírito. Tradicionalmente, ele representa a paixão, a criatividade, o amor e a renovação — todos eles governados pelo espírito. Nosso espírito é que determina em que medida sentiremos a vida avolumando-se dentro de nós, permitindo que a paixão brote no nosso coração, "inflamando" ou inspirando as outras pessoas, renovando nosso entusiasmo pela vida e nos fazendo seguir o caminho traçado na nossa alma. Quando deixamos que o nosso espírito fique centrado no coração, passamos a viver de acordo com o Divino.

O Espírito, assim como o fogo, pode sair fora de controle ou brilhar tão debilmente que a mais suave brisa poderia extingui-lo. O espírito precisa de ar, e a alma precisa de água. Alma em excesso apaga o fogo do espírito, e espírito em excesso faz ferver a água da alma. Nesse caso, o que acontece é que o excesso de espírito pode trazer muita luta. Alma em excesso pode levar à complacência ou à tendência de engolir tudo sem pensar, de forma que passemos a nos ver como "vítimas" da vida, sem outra escolha a não ser aceitar nosso quinhão de sofrimento.

Em outras palavras, se lutarmos muito, usando nosso livre-arbítrio para transpor as lições da vida, isso só nos criará problemas. Embora sejamos nós que "engendremos" nosso próprio destino com as escolhas que fazemos e atitudes que tomamos, existem coisas que simplesmente temos de passar. As experiências da alma não são sempre agradáveis, e às vezes gostaríamos de saber por que temos de passar por determinadas provas. Mas percorremos uma longa jornada desde o momento em que passamos por uma experiência que nos mostra uma grande verdade até a hora em que colocamos em prática essa verdade, para que ela nos leve na direção certa.

O fogo representa regeneração e um novo começo. O nosso fogo sagrado, o espírito, é o nosso poder particular de auto-expressão e de auto-renovação criativas. A chama significa o eterno. Dentro de nós, queima uma chama eterna, pois o espírito e a alma transcendem o corpo e o tempo físicos. A nossa chama continuará brilhando, fulgurante, para sempre, no além, na memória e nas contribuições que fizemos.

. . . .

IDÉIA PRÁTICA: Zele pela sua Chama Sagrada

As primeiras casas e ambientes domésticos que surgiram foram erigidos em volta do fogo. Adoro a palavra *hearth* (lareira, fogo doméstico, em inglês), pois ela combina a palavra *heart* (coração) com a palavra *earth* (terra). O coração é o fogo onde arde a nossa chama sagrada, e o corpo constitui-se em volta da nossa chama central. Eis algumas idéias para você conhecer as qualidades mais profundas do fogo e zelar pela sua chama sagrada:

- Acenda um fogo sagrado — um fogo pela vida, não por mera sobrevivência.
- Dance ao redor do fogo, mesmo que ele não passe de uma vela.
- Reflita sobre o barulho do fogo queimando, o sentimento amistoso dos espíritos do fogo, como um fogo ruidoso que aquece você numa noite fria e escura.
- Pense sobre o que a fumaça simboliza. Queime um incenso. Segure o incenso aceso contra a luz de uma janela e observe como ele dá vida ao ar.
- Considere o que significa ficar no fogo sagrado, queimando todas as ilusões e passando a ser uma pessoa totalmente nova.
- Procure ser sempre um espírito livre, pronto para dançar no ritmo do vento celeste, com amor no coração e reverência por sua alma.

• 32 •

O Som Sagrado

O que percebemos como som é, na verdade,
energia e vibração; o deslocamento
ou movimento de moléculas no ar,
e todo espaço que nos circunda —
fora e dentro dos ambientes — está cheio de som,
se tivermos capacidade para ouvi-lo.

— PEG STREEP, Altars Made Easy

Harry Truman uma vez disse que ouvir boa música fazia com que ele pensasse no jeito como as coisas deveriam ser, e não do jeito que elas de fato são. Em presença da música, tudo parece assim como deveria ser no momento; temos um gostinho do Céu na Terra. A música é fundamental para a nossa saúde espiritual. Ela pode deixar o clima mais leve, melhorar nosso humor, levar-nos a lugares distantes, revelar mistérios e nos permitir um vislumbre do passado.

Se sentimos que nossa criatividade ou nossas emoções estão bloqueadas, em geral basta ouvir, compor ou tocar música para que possamos liberar essa energia. A música também acalma a alma; embalamos os bebês com canções de ninar e aquietamos espíritos perturbados, depressivos e cheios de ira com melodias suaves. A sua alma pode estar implorando por música neste exato momento, para poder trazer você de volta para o seu centro, a fonte da sua paz interior. A música e as canções nos fazem atingir um nível diferente de comunicação que vai além de simplesmente falar. Já encontrei inúmeras pessoas que afirmam não saber cantar; isso é um absurdo. A prática de cantar em grupo é pouquíssimo difundida no mundo de hoje, e nos faz uma falta terrível.

Já mencionei antes o grupo de estudo sobre as mulheres da Bíblia do qual participei e que me deu oportunidade de passar por muitas experiências místicas maravilhosas. Uma tarde em que estudávamos a Bíblia, uma senhora foi convidada a cantar para nós. Ela cantou com tanto sentimento a canção *Let There Be Peace on Earth*, à capela, que um anjo não poderia fazer melhor. Mesmo sendo cega, essa senhora tinha no rosto uma expressão sempre sorridente e parecia irradiar uma beleza divina enquanto cantava. A letra da canção falava da verdade divina, e ela a expressava do fundo do coração. Não demorou muito para que todos tivéssemos lágrimas nos olhos.

Mary Beth Crain e eu escrevemos no baralho Angel Journey: "A música está inexoravelmente ligada à prece. Todas as tradições espirituais e religiosas têm hinos e canções devotados a Deus. Os anjos são invariavelmente representados entoando cânticos à gloria de Deus, no imenso coro celestial, ou tocando harpa ou lira. A crença generalizada na congruência entre as sete notas da escala musical, as sete cores do espectro e os sete chakras ou campos de energia que circundam nosso corpo pode explicar por que o canto, por exemplo, é uma poderosa forma de prece. Os monges do Corpo Tântrico Tibetano fazem apresentações ao redor do mundo todo, entoando cânticos pela paz mundial. Cantar é uma expressão de alegria e reverência que eleva nossa vibração, expandindo nossa ligação com toda a humanidade e, subseqüentemente, com todo o universo".

Uma noite dessas, eu estava assistindo a um programa de TV sobre um casal de cientistas que desenvolveu o projeto de um telescópio capaz de fazer medições em todos os cantos do Universo. Esse casal encontrou o mesmo som ou padrão de radiação em todos os lugares em que efetuou medições, mas nenhum físico descreveu isso como "a música das esferas", o "canto cósmico" do qual falou Pitágoras no ano 500 a.C. As teorias relacionadas a esse som trazem a idéia de que todas as células têm uma vibração, como uma corda interior que vibrasse. Existe uma pulsação divina no Universo; quando estamos em sintonia com ela, como se o nosso coração batesse no mesmo ritmo que ela, então nos sentimos centrados e bem com nós mesmos.

Uma das minhas preocupações com relação à música digital é a esterilização do som. Simplesmente não sinto que isso seja bom, e quase sempre tenho dor de cabeça quando ouço CD's desse tipo por muito tempo. Quero de volta o som de alguém tossindo ou de chaves caindo ao fundo; quero a experiência musical completa, não uma simulação digitalizada dessa experiência. Forçar as coisas a atingir a perfeição em geral faz com que deixe de existir espaço para o espírito. O toque humano é o que transmite energia e tem poder para abrir nosso coração.

Podemos pensar no ser humano como um instrumento musical que deixa no mundo sua marca singular. Nosso corpo é o instrumento, nossos nervos são as cordas e nosso espírito é o músico que toca. Quando estamos numa loja de instrumentos musicais e fazemos vibrar a corda de um violão, todos os outros violões da loja vibram no mesmo tom. Somos como esses violões, vibrando num tom celestial. Que tipo de música você está tocando? Os anjos gostariam de nos ver usar nossos instrumentos para desenvolver uma combinação harmoniosa de alma, espírito, templo e mente. Como disse Manly P. Hall, "a beleza é a harmonia manifestando sua natureza intrínseca no mundo da forma".

Todos nós temos um instinto divino que nos conduz à harmonia. A dissonância pode ser interessante e útil nas expressões artísticas e musicais, mas a harmonia é divina, pois ela manifesta beleza. A beleza nos faz bem em vários níveis; ela tem um incrível poder de transformação. A harmonia é a expressão manifesta da vontade de

Deus. A bondade, para que carregue a vibração divina, tem de estar de acordo com sua própria natureza, que gera harmonia. Os anjos são muitas vezes retratados como seres que louvam a Deus, por meio do canto; nessas representações, eles aparecem em grupos definidos como coros. Essa imagem pode ser encontrada na arte ao longo de toda história do homem. Nós podemos ouvir os anjos cantando em coro, pois temos ouvidos para escutar.

. . . .

IDÉIA PRÁTICA: Harmonia Musical

Preste atenção à harmonia do mundo. Onde você pode encontrá-la em abundância? Onde está faltando? Como ela se manifesta dentro de você? Descobriu-se que a música favorece o crescimento das plantas e cura doenças. Se você está doente ou simplesmente precisa de mais energia, recorra ao poder terapêutico da música. De que tipo de música você precisa quando sente-se agitado? Ouça seu tipo de música favorito; movimente seu corpo ao som de suas notas. Toque um instrumento ou comece a fazer aulas de dança. Faça o que for preciso para trazer vitalidade e equilíbrio físico à sua vida.

Guarde algum dinheiro e, se algum grupo musical de que você gosta fizer um concerto em sua cidade, vá assisti-lo ao vivo. Nunca deixe de ouvir música ao vivo sempre que possível. Quando tiver oportunidade de assistir a um concerto de música clássica, deixe que sua imaginação o leve numa viagem; isso é algo que revitaliza todo o seu ser de uma forma sem igual. Se a química puder se transmitir, você ouvirá os anjos cantando.

Se estiver interessado em conhecer um estudo mais aprofundado sobre o som e os efeitos marcantes que ele exerce sobre nós, leia *Sacred Sounds: Transformation Through Music and Word*, da autoria de Ted Andrews.

• 33 •
Arte e Prática da "Excentricidade"

A qualidade que parece ser universal entre os excêntricos não está na nossa lista, pois, embora possa ser a mais importante, ela é tão subjetiva quanto impossível de ser provada ou invalidada: os excêntricos parecem ser mais felizes do que a maioria de nós..., quase todos parecem estar bem satisfeitos com a própria vida. Quase todos nos deixam a impressão de que se sentem bem à vontade sendo do jeito que são. Eles estão conscientes do fato de que muitas pessoas os acham estranhos, mas isso não os incomoda.

— DR. DAVID WEEKS E JAMIE JAMES. Eccentrics

A palavra *excêntrico* vem do termo grego *ekkentros*, que significa *não* ter o mesmo centro. Nos dias de hoje, o fato de não se ter o mesmo centro que o "mundo" é uma dádiva. Ter o nosso próprio centro é tudo de que precisamos para manter a sanidade num mundo que parece estar um verdadeiro caos. Para não entrarmos nesse caos, temos de ter um centro muito forte, para o qual possamos voltar sob qualquer circunstância. Uma sóbria perfeição e um comportamento bem-ajustado não significa que estejamos no nosso centro. Todos nós precisamos de um refúgio interior, divino, para proteger nossas qualidades divinas.

Estou usando o termo *excentricidade* para representar a arte de viver com liberdade de espírito. Ser excêntrico significa encontrar maneiras de ser feliz sendo quem você é, para voltar ao que é real, sem medo do que você conhece mas não vê (assim como os anjos), e com coragem de expandir sua noção da realidade.

As perguntas a seguir têm como base a idéia que eu faço do que sejam traços de excentricidade, e são parcialmente baseadas no critério, no perfil e nas características definidos pelos autores do livro *Eccentrics: A Study of Sanity and Strangeness*, do dr. David Weeks e Jamie James.

- Você tem um acentuado senso de humor?
- Você é espontâneo e feliz sendo desse jeito? Ou usa seu senso de humor para se sobressair?
- Na opinião das outras pessoas ou na sua própria, você tem hábitos alimentares ou um estilo de vida diferentes?
- Você é capaz de "ignorar" as expectativas alheias ou de não se deixar levar pelas opiniões que os outros têm de você?
- Você tem uma noção de tempo diferente?
- Sonhar acordado é uma atividade importante para você?
- Você tem algum *hobby* que o leva a ir a lugares em que a maioria das pessoas não ousaria ir?
- Você é muito curioso?
- Você acha que há um chamado superior na sua vida, mas que ele não é necessariamente uma missão de vida?
- Você gostaria que houvesse no mundo mais pessoas excêntricas, satisfeitas com o jeito que são?
- Você costuma ouvir as pessoas?
- Você tem o hábito de conversar com os animais ou plantas?
- Você já foi considerado uma pessoa inteligente?

- Você se sente à vontade sendo criativo, de acordo com seus próprios padrões?
- Você alguma vez já ouviu alguém se referir a você usando termos como *não-conformista*, *não-convencional*, *esquisito*, *estranho* ou *excêntrico*?
- Você ouviu essas pessoas como se fosse uma criança?
- Já se sentiu como se estivesse em compasso com o "mundo real" e o resto do mundo estivesse fora de compasso?
- Você questiona conceitos e sentimentos em geral que a maioria das pessoas aceita?
- Você muitas vezes acha que está a par de uma piada cósmica particular da qual a maioria das pessoas não se deu conta?

Se a sua resposta foi afirmativa em pelo menos três das perguntas anteriores, então você tem uma natureza excêntrica, e os anjos querem ajudá-lo a desfrutá-la, oferecendo-lhe uma maneira de ser feliz sendo simplesmente como é. As pessoas que estão em busca da perfeição nunca conseguirão relaxar sendo elas mesmas; as excêntricas estão sempre bem sendo o que são e isso deixa os outros malucos. Os seres humanos mais conscientes e excêntricos enfrentam desafios especiais, pois a realidade consensual é muito diferente do jeito que eles vêem ou vivem a vida. Lamentavelmente, a sociedade pode chegar até mesmo a tirar a sanidade dessas pessoas, caso não tenham um forte centro espiritual ou uma noção muito clara de quem são.

Quando encontramos nosso centro interior, fortalecemo-nos com nossas práticas espirituais particulares e apreciamos quem somos, tornando-nos de fato pessoas mais felizes. Em outras palavras, todos nós temos a capacidade de ser excêntricos, mesmo que em pequenas coisas, e é por isso que precisamos "excentrizarmo-nos" — para encontrar nosso centro sagrado e ficarmos mais fortes. A melhor coisa acerca de ser excêntrico é que isso é algo criativo que nos satisfaz e dá significado à nossa vida. Além disso, é algo de que os anjos podem participar de forma direta.

Algumas das dádivas mais abençoadas que os anos podem oferecer são as maneiras de nos trazer de volta para o nosso centro interior, não importa em que situação estejamos. Estar nesse centro significa sentir que a nossa alma, nosso espírito, nossa mente e nosso corpo estão trabalhando harmoniosamente em conjunto, aquecidos e felizes na calidez da paz interior. No mundo de hoje, sofremos muitos tipos de agressão que nos tiram do nosso centro, e os anjos podem nos ajudar a entender e a conter essas forças contrárias. Você pode encontrar seu próprio centro sagrado, mas lembre-se de que não está sozinho; os anjos adoram ajudar você nessa jornada singular. Seu centro está à distância de uma prece.

. . . .

IDÉIA PRÁTICA: Encontre seu Centro

Às vezes, é difícil permanecer nesse centro interior. A alma parece ter ficado presa em algum lugar, fora de nós; o espírito fica sem inspiração, o corpo parece estranho a nós, e a mente é tomada por preocupações.

Se você está sentindo que o planeta está passando por uma aceleração no tempo, isso não significa que seja preciso viver mais rápido ou "mudar para uma pista mais veloz". Tudo o que você precisa é encontrar o centro do seu ser e passar algum tempo ali todos os dias. Vivemos num planeta que está girando pelo espaço, mesmo assim esse movimento não nos deixa tontos; isso simplesmente porque estamos aqui, agora, em corpos projetados para fazer parte da vida na Terra. Se você parece estar vivendo dentro do caos e da confusão, isso é um sinal de que precisa voltar para o tempo presente e encontrar seu centro interior. Se para ser verdadeiro, você tiver de ser taxado de excêntrico, assuma definitivamente essa excentricidade e se divirta com isso.

• 34 •
Reverência Civilizada

Observe seus pensamentos; eles tornam-se palavras.
Observe suas palavras; elas tornam-se atos.
Observe seus atos; eles tornam-se hábitos.
Observe seus hábitos; eles tornam-se seu caráter.
Observe seu caráter; ele torna-se seu destino.
— FRANK OUTLAW

Se pudéssemos apreender a mensagem básica dos anjos, de Jesus e de Buda, acho que descobriríamos que a reverência cheia de compaixão e centrada no coração e na espiritualidade resume a essência dos ensinamentos desses mestres. A reverência faz com que nos liguemos profundamente com a essência da vida, respeitando a natureza búdica de todas as coisas. Nosso nascimento representa um acordo que fizemos para passar pela experiência da realidade física da paixão, da dor, do amor e da grandiosidade de que o ser humano é capaz. Mas a maior parte desse acordo trata do compromisso que fizemos de demonstrar reverência, que é celebrar a natureza sagrada da vida. Quando penso no mundo de hoje, não posso deixar de acreditar que a compaixão pura, estimulada pelos raios de luz do Céu, poderiam sanar inúmeras situações que parecem erradas ou ruins.

A reverência é a qualidade que faz com que os seres humanos tenham compaixão. A verdadeira reverência não deixa de existir quando ficamos com raiva ou sucumbimos a outras emoções difíceis como essa. As pessoas, quando estão com raiva ou sentem-se infelizes, quase sempre ficam agressivas. Por outro lado, quando reverenciam a vida, a raiva ou a tristeza as impede de ferir ou prejudicar outra forma de vida. Temos de lembrar que os outros não estão aqui para nos fazer felizes ou infelizes, nem para ser culpados por qualquer coisa pela qual estejamos passando. Estamos aqui, como disse Manly P. Hall, "para cooperar uns com os outros e chatear o diabo".

A falta de reverência em qualquer nível da vida gera um doloroso desequilíbrio na alma do mundo. Sempre que a reverência está presente e é considerada como algo importante, o amor é restituído à vida e o equilíbrio, restaurado. Quando chegamos ao ponto em que nossas percepções são moldadas pela reverência, percebemos que se fazer de vítima na vida é uma das atitudes menos reverentes que podemos assumir. Para que tenhamos reverência pela vida, temos de ter reverência por nós mesmos. Por isso é tão importante saber o que é reverência e o que não é.

Há anos aprecio o trabalho, sempre interessante e absorvente, do estudioso do budismo Robert Thurman. Pouco tempo atrás, li alguns comentários que ele fez sobre a civilização e percebi que eles traziam uma mensagem dos anjos. Ele considerava a civilização como um complexo de qualidades humanas em virtude do qual uma grande variedade de pessoas consegue viver juntas nas cidades. Thurman usa os tibetanos como um modelo dos últimos vestígios de um modo de vida realmente civilizado. Ele acha que as qualidades do comportamento civilizado, como é compreendido por vários sociólogos e por ele mesmo, pode ser dividido em quatro categorias:

1. *Individualismo*: Livre de papéis e identidades impostos pela coletividade e capaz de ser uma pessoa original no relacionamento com as demais.

2. *Flexibilidade de caráter*: Sensibilidade com relação aos outros e capacidade pessoal para se adaptar a vários papéis, o que permite maior adaptação...às situações pluralísticas de uma cidade.
3. *Gentileza*: Capacidade de reprimir impulsos violentos e de buscar o sucesso e a solução de conflitos de formas não-violentas, que tornem possíveis o individualismo e a flexibilidade.
4. *Contentamento e criatividade*: Capacidade de apreciar a vida, buscar a felicidade e a satisfação de formas originais, criativas e não-convencionais.

Acho interessante pensar numa forma civilizada de se viver, em particular por ter ouvido muito, ultimamente, a palavra "barbaridades" em referência a alguns fatos que estão acontecendo. As características do comportamento bárbaro são, em contraste:

1. Tribalismo, racismo, fanatismo, nacionalismo.
2. Rigidez, insistência egoísta com relação à própria perspectiva.
3. Ira e inclinação para a violência.
4. Fixação na miséria e na infelicidade rotineiras e na aceitação da miséria, que leva à obsessão por riquezas, *status*, poder e competitividade, e ao preconceito, à exclusividade, à violência, à eterna ganância, à fragmentação da comunidade, à superpopulação, à poluição e a outros problemas sociais.

A reverência civilizada significa que temos de olhar honestamente e com compaixão para o que está se passando na nossa psique e na psique do mundo — no nosso corpo e no corpo da terra; no nosso coração e no coração do mundo; no nosso espírito e no espírito dos tempos em que vivemos; na nossa alma e na alma da *animus mundi*, a alma do mundo.

. . . .

IDÉIA PRÁTICA: Reverência

Se você quiser realmente conhecer os anjos, então comece com a simples intenção de ser uma pessoa mais reverente. Para cultivar essa qualidade, você não precisa saber o nome do seu anjo da guarda, nem ver um anjo, nem receber orientações diretas em forma de palavras. Tudo do que você precisa é ter amor no coração e coragem para deixá-lo brilhar como uma luz que a tudo cura. Os anjos precisam de você tanto quanto você precisa deles. Em vez de se concentrar nas qualidades sobrenaturais dos anjos, concentre-se nas qualidades angélicas que você tem dentro de si. Você pode optar por ser compassivo e civilizado ou por ser egoísta e bárbaro. É você quem escolhe. Dedique um dia desta semana à prática da reverência.

• 35 •
Revelações Angélicas

Se os seres humanos conhecessem os seres poderosos,
belos e bondosos que olham por nós, talvez se prontificassem
a assumir uma postura mais ereta e mais bonita.
Seríamos inspirados a viver com mais dignidade.
— MATTHEW FOX

Neste capítulo, apresento algumas revelações e lampejos que tive, ao longo dos anos, com referência aos anjos e ao modo como eles se relacionam conosco. Todas essas idéias sobre os anjos originam-se de uma certeza intuitiva que brotou no meu coração.

- Os anjos vibram numa freqüência tão sutil que, nos momentos em que querem nos transmitir uma mensagem, eles sabem como fazer para que nós a captemos rapidamente.

- Se os anjos precisam nos visitar e mudar o rumo da nossa vida, eles podem alterar nossa percepção das coisas, de modo que, ao nos deixarem, a mudança permaneça, embora a nossa experiência com o "anjo" fique guardada no inconsciente, como se fosse um sonho inatingível.

- Nunca duvido das pessoas quando elas me contam sobre uma experiência que tiveram com os anjos. Independentemente do nível de sensação que elas me passam, não cabe a mim duvidar da experiência que tiveram e as tocou tão profundamente.
- Os anjos têm um senso de humor maravilhoso.
- Os anjos nos ajudam a evoluir e a amar. Se o seu jeito especial de evoluir inclui o sucesso aos olhos do mundo, seja fiel a ele, mas não deixe que esse sucesso lhe suba à cabeça. O mundo não é a fonte do amor; Deus é a fonte do amor.
- Os anjos estão presentes para nos lembrar de que nossos problemas podem provar ser nossa salvação, caso aprendamos a substituir a auto-recriminação pelo amor por nós mesmos, a vergonha pela consciência, o hábito de julgar pela observação, o medo pela liberdade de espírito.
- Os anjos vivem num reino eterno; nossa noção de tempo não os limita em nada.
- Qualidades essenciais como a esperança, o amor, a gratidão, a reverência e o coração aberto nos permitem estabelecer uma ligação forte e contínua com os anjos.
- Os anjos não pertencem a uma religião em particular. Acredite ou não, nessa nossa "sociedade culta", algumas pessoas ainda afirmam que os anjos são "filiados" a uma única religião ou aproximam-se de um só tipo de pessoa. Os anjos estão prontos a ajudar qualquer um, pois todo ser humano carrega dentro do coração a luz celestial, e os anjos estão a serviço do Céu.
- Luz atrai luz. Os anjos são atraídos pela nossa luz, e estão aqui para nos ajudar a fazê-la brilhar cada vez mais.

- A consciência dos anjos sabe que você é um ser divino, guiado por uma sabedoria superior do Universo, que visa seu mais elevado bem.

- A consciência angélica dá ênfase ao fato de que a vida existe para ser vivida e desfrutada, não para sofrermos e a suportarmos como um fardo.

- No reino dos anjos, os pensamentos valem o mesmo que as ações. Os pensamentos que ocupam nossa mente a todo instante são como formas para os anjos. Essa é uma boa notícia porque os anjos têm acesso direto aos seus pensamentos, se você assim quiser, e podem ajudar a conduzi-los a um nível espiritual mais elevado.

- Nosso anjo da guarda está ligado à nossa sobrevivência. Eles estão sempre conosco e podem fazer coisas fantásticas quando nossa vida é ameaçada e nosso instinto de sobrevivência é positivo e acentuado. O anjo da guarda dos seres humanos que têm um desejo de morte e realmente querem destruir a si mesmos têm de manter-se afastados, pois eles não podem compartilhar esse desejo e só podem entrar em ação se a força em prol da vida for reativada e a pessoa mudar sua forma de ver as coisas, pedindo ajuda.

- Uma das formas que o anjo da guarda usa para nos proteger é manter nosso cérebro com uma programação positiva que promova a vida e favoreça a auto-estima. Os anjos travam uma verdadeira batalha para cumprir essa tarefa, pois a nossa mente é facilmente influenciada pelas mensagens negativas que tantas vezes ouvimos.

- Uma das dádivas dos anjos é que, não importa o quanto os tempos pareçam difíceis ou quanto a vida pareça dura, uma centelha de esperança começa a crescer e, quando estamos prontos, ilumina a nossa vida e faz as coisas parecerem diferentes. As boas coisas da vida estão sempre conosco; só precisamos mudar nossa perspectiva para vê-las.

- Os anjos são importantes para nós por várias razões, difíceis de intelectualizar; tudo é uma questão de coração e de senso de humor — que nos leva a pensar sobre o nosso próprio humor e nos deixa mais animados.

- Quando tomamos consciência do amor e da orientação que os anjos nos oferecem a todo momento, surge uma grande chance na vida de elevarmos nossa consciência. Algo realmente muda dentro de nós e sentimos novos impulsos.

- Às vezes, os anjos caminham junto de nós e são vistos por aqueles que querem nos causar algum mal, muito embora nós mesmos não os vejamos nem percebemos que eles estão por perto.

- Quando você entra numa loja e começa a tocar uma música que fala dos anjos, instantaneamente ela faz com que você se sinta melhor. Entre nessa mesma loja na semana seguinte e talvez você se surpreenda ao contatar que uma outra música de anjos está tocando. Os anjos são criativos quando querem nos lembrar da presença deles; precisamos prestar atenção a essas mensagens sutis.

- Os anjos são como os amiguinhos que, na infância, vinham a nossa casa brincar conosco e ficavam do lado de fora esperando que nós os víssemos e saíssemos para brincar com eles. Os anjos não costumam bater na nossa porta para exigir que saiamos para brincar com eles; eles querem que você note a presença deles e decida livremente procurá-los.

- Os anjos podem aparecer para nós na forma humana e nos salvar de qualquer perigo, caso seja essa a vontade de Deus. Se precisarem parar um trem ou evitar que nos aconteça algum mal, eles não hesitarão em fazer isso. Se for a hora de você renascer para o outro lado da vida, eles irão com você, mas não poderão evitar a sua morte se for essa a vontade de Deus; essa é uma questão entre você e o Criador.

- Olhe o céu e nunca se esqueça de notar o que está acima de você. Olhe para cima freqüentemente, mas não se esqueça de reparar também no que está abaixo de você. O mais comum é que notemos só o que está no nível dos olhos e não percebamos o que está abaixo, acima e atrás de nós.

- Preste atenção em "Deus nos detalhes" e você encontrará os anjos.

- Existem muitos tipos de anjos — anjos da guarda, musas, anjos da psique interior, anjos ancestrais, guardiões da natureza, anjos do momento, treinadores da alegria, anjos da energia feminina divina e anjos de países, grupos, relacionamentos e assim por diante. Podemos aprender a ter um relacionamento mutuamente benéfico com as várias faces dos anjos.

- Nosso relacionamento com os anjos ficará mais forte se os tratarmos como algo sagrado. Não temos de entender todos os seus particulares. Quando for a hora de ir mais fundo, encontraremos pequenas formas de nos deleitarmos com os anjos diariamente, com nossa energia criativa e cercando nossa casa de beleza por meio de flores, obras de arte e coisas afins. Podemos compartilhar coisas com esses seres e assim eles transmitirão o amor e a beleza através do éter, para aqueles que tem olhos para ver e ouvidos para escutar.

- Os anjos são símbolos da nossa ligação divina com a Fonte original do Amor. Os símbolos e as imagens nos tocam num nível profundo e permitem que reconheçamos campos de energia, como os anjos.

- Os anjos estão aqui para nos guiar até o eu superior e a Deus, ao mesmo tempo que nos permitem honrar a experiência humana, sem desprezar o mundo físico.

- Os anjos nunca nos pedem para nos tornarmos anjos ou puro espírito, mas para agirmos de forma mais angélica. O fato de sermos mais angélicos nos confere uma sabedoria mais profunda da qual não nos achávamos capazes, e possibilita que olhemos para nós mesmos de uma perspectiva nobre e divina.

. . . .

IDÉIA PRÁTICA: Iluminação

As cinco facetas da iluminação são amor, gratidão, sabedoria, humildade e compaixão, que levam ao bom humor, à graça, à inteligência, ao zelo e à reverência. Eis aqui alguns pensamentos que podem ajudar você a desenvolver essas qualidades e a manter sua ligação com os anjos:

- Preste atenção às "pequenas coisas" da vida, às dádivas especiais que os anjos nos oferecem no dia-a-dia e que em geral só notamos quando fazemos uma pausa com um momento de gratidão.
- Pense em como você pode tornar mais profundo seu relacionamento com Deus e com os anjos.
- Você espera que os anjos executem tarefas mundanas que podem não contribuir para o seu bem mais elevado? Se espera, isso faz com que você deixe de ter fé quando os anjos não o ajudam a conseguir algo que está fora do domínio deles?
- Pense em que aspectos você realmente mudou desde que lhe foi concedida uma visão mais ampla dos anjos. Você está mais consciente agora? Começou a ver o mundo sem a teia de crenças com que o envolveu?
- Preste atenção e, se possível, anote por escrito o que você pensa sobre os anjos; peça a eles para que lhe ajudem a ver as coisas de modo mais claro e sinta a paz de saber que eles estão com você.

A seguir será apresentada uma lista das qualidades que as pessoas mencionam quando eu lhes pergunto sobre as qualidades da consciência angélica que os ajudam a se ligar com esses seres, entendê-los, senti-los e amá-los. Selecione as qualidades que você gostaria de cultivar e então peça para os anjos o ajudarem nessa tarefa.

Abundância
Admiração pela vida
Alegria
Amor
Assistência ao próximo
Beleza
Benevolência
Capacidade de perdoar
Compaixão
Coragem
Desapego
Entendimento
Entusiasmo
Esperança
Espírito de gratidão
Fé
Flexibilidade
Força
Generosidade
Gentileza
Graça e graciosidade
Harmonia
Harmonia divina
Humildade
Inocência original
Inteligência
Liberdade
Liberdade de ação
Lucidez
Paciência
Paixão
Paz
Reflexão
Resistência
Reverência
Sabedoria
Senso de humor
Simplicidade
Tolerância à dor

A gratidão e o amor, duas qualidades do coração, ajudam todas as outras qualidades a florescer em nós. Desejo a você todas essas qualidades e muitas bênçãos à medida que empreende sua jornada pela trilha da consciência angélica.

"Os anjos que regeram meu nascimento disseram:
'Pequena criatura feita de alegria e contentamento,
vá e ame sem precisar da ajuda de nada sobre a Terra'."
— WILLIAM BLAKE

Agradecimentos

Como disse Clarence, o anjo, a George Bailey, no filme *It's a Wonderful Life*:* "Ninguém é um fracasso se tem amigos". Eu passei por um ano igual ao desse filme, quando parece que você foi afastado de tudo que é familiar e seguro, quando as coisas se dispersam como poeira numa tempestade de vento e você passa a saber quem são seus verdadeiros amigos. Não sei por que tenho tanta sorte no departamento das amizades, mas a minha vida é maravilhosa de infinitas formas por causa das pessoas incríveis que eu posso chamar de amigos.

Escrevi meu primeiro livro há dez anos, em 1988, e fui abençoada com a oportunidade de trabalhar com Uma Reed e Nancy Carleton. Nós nos reunimos uma vez mais para publicar este livro, nu-

* Filme lançado no Brasil com o título *A Felicidade não se Compra*.

ma outra editora: a Amber-Allen Publishing. Uma é a beleza manifestando-se numa multiplicidade de formas, e eu sou muito grata a ela por estar ao meu lado durante a produção deste livro. Quando escrevo um livro, é sempre uma bênção e conforto muito grandes saber que Nancy Carleton será a editora. Ela irradia força, gentileza e sabedoria; o que mais posso pedir de uma amiga e editora? Janet Mills, editora da Amber-Allen, logo me deixou claro que sua intenção era proporcionar um *lar*, não uma editora, à visão criativa. Acredite, no mundo editorial é muito raro encontrarmos esse tipo de coisa, e eu me sinto privilegiada pelo fato de Janet interessar-se por este livro. Tem sido um prazer conviver com ela este ano.

Loretta Barrett, minha agente, de fato saiu-se muito bem e deixou muito claro que acredita em mim acima de tudo e apesar dos altos e baixos da popularidade dos livros sobre anjos. Ela é uma mulher notável, e eu tenho muita sorte de tê-la ao meu lado como amiga e mediadora do mundo lá fora.

Meu maior amor, Joe Kelly Jackson, realmente me apoiou de muitas formas durante a redação deste livro. Sempre serei grata a ele por seu caráter forte e caloroso.

Shannon Melikan tem estado ao meu lado quase o tempo todo, ao longo dos últimos 24 anos. Temos visitado juntas tantos "mundos" diferentes e ela tem sido uma amiga acima de qualquer expectativa e uma verdadeira irmã espiritual. Mais uma vez, quero agradecê-la pelo seu bom humor, amor, graciosidade e por compartilhar sua visão da consciência angélica.

Holly Phillips e eu nos conhecemos desde que tínhamos 7 anos de idade. Depois de anos de jornadas paralelas, os anjos nos uniram novamente em 1994. Que bênção é ter uma amiga como Holly; sou-lhe grata por compartilhar seu entusiasmo e espírito brincalhão comigo no ano passado, quando pensei ter perdido o meu.

Encontrei Mary Beth Crain-Shield dez anos atrás, quando comecei a pensar em escrever *Messengers of Light*. Compartilhamos muita coisa uma com a outra: escrevemos, divertimo-nos, passamos juntas por tempos difíceis e, o mais importante, depois rimos muito de tudo que dissemos e fizemos. Eu a agradeço por ter tornado minha vida muito mais rica.

A irmã Janet Harris trouxe uma nova dimensão de luz, inspiração e amizade à minha vida. Ela é a fundadora e anjo da guarda do programa de redação "Do Lado do Avesso", feito no Central Juvenile Hall, em Los Angeles, e me contratou como facilitadora de redação. Nunca antes eu passara por esse nível do verdadeiro poder de transformação da escrita e da expressão até começar a fazer parte desse programa. Agradeço à Irmã Janet e aos escritores que conheci, jovens que enfrentam um destino desafiador e já têm mais caráter e conhecimento do que significa ser um homem do que muitos quarentões que conheço.

Agradeço à minha família pelo apoio e amor incondicional que sempre me deram. Sei que sempre foi um desafio criar uma filha como eu e integrar-me ao mundo, pois eu de fato ouço um tambor diferente à distância e tenho teimosamente insistido em seguir a música que soa em meio ao mistério. Isso não tem sido fácil para aqueles que me amam, e eu sou verdadeiramente grata pela presença deles em minha vida.

Gostaria de agradecer também a muitos amigos corajosos, que assumiram o compromisso de manter viva a consciência angélica, sempre de maneiras originais e abençoadas:

Jai Italiaander (ver dedicatória), de Angels on Call, consultora de destinos e leitora intuitiva.

K. Martin-Kuri, autor de *Message for the Millennium* e estrela-guia do The New Millennium Sanctuary for Love, Wisdom and Grace, na Virginia, uma comunidade sagrada que habita em terras sagradas.

Arthur Douët, artista e professor. Suas pinturas oferecem às pessoas um vislumbre do mundo dos anjos e as ajudam a lembrar de onde eles vêm. Ao pensar em Arthur não posso conter um sorriso!

Kirk e Sandy Moore do Tara's Angels, uma linda loja em San Juan Cipistrano, na Califórnia. Kirk é autor de *Tara's Angels*, um livro especial em que ele conta sua história, em que obteve cura espiritual, depois de uma grande perda.

Allan Duncan do Angels Without Wings. Ele está sempre atento às coisas bonitas e interessantes, e já inspirou pessoas de todas as idades a valer-se da própria coragem para saudar a vida.

Don e Lucy, do asilo Wings of Freedom, aninhado num ponto sagrado das montanhas Ojai, na Califórnia.

Peter Sterling com sua Harpa Mágica e grande dedicação para criar experiências angélicas de cura quando toca sua harpa.

Meus amigos íntimos de longa data, Laurel e Larry Savoie da universalmind.com e criadores da "Children of the Sun". Agradeço a eles por estarem muitas vezes ao meu lado, no ano passado, com seu amor, conselhos sábios, amor e experiência em relacionamentos. Eles são grandes amigos e compartilham comigo o mesmo sonho.

Agradeço a todos os membros do *Angels Can Fly*, que têm sido tão delicados e amigos durante todos esses anos.

Agradeço a Deus — e, é claro, aos anjos.

— Terry Lynn Taylor

Nota da Autora

Tenho escrito muitos livros sobre a consciência angélica, e o tema central de todos eles corresponde ao que, a meu ver, é um aspecto importante da consciência infinita. Meu primeiro livro, *Messengers of Light*, escrevi em resposta ao que eu estava passando. Foi de certo modo assustador, pois, embora eu conhecesse outras pessoas que também estavam vivendo uma experiência profunda com os anjos, sentia que não tinha ninguém que me ensinasse nada sobre o assunto, a não ser os próprios anjos. Tive a intuição de convidar os leitores a escrever para mim, de forma que pude começar a editar um boletim informativo. Com essas cartas, tive a impressão de que as pessoas estavam interessadas em saber como os anjos nos ajudam a ajudar a nós mesmos, por isso escrevi *Guardians of*

*Hope,** no qual apresentei muitas idéias e práticas de auto-ajuda a respeito de como o Céu nos auxilia. Depois desse livro, quis compartilhar algumas das cartas que recebi, por isso as reuni em *Answers from the Angels*.**

Descobri que adoro o jeito como as pessoas, inspiradas pelos anjos, expressam sua criatividade em homenagem ao Divino. Quando eu dava palestras e cursos, as pessoas me contavam como elas tinham feito mudanças radicais em sua vida com a intenção de fazer um trabalho mais significativo e criativo — mesmo que isso significasse menos dinheiro e uma vida muito mais simples. Então eu escrevi *Creating with the Angels*,*** numa tentativa de encorajar esse tipo de iniciativa.

Manter um diário é uma forma eficaz que encontrei de não perder totalmente a sanidade. Comecei a fazer isso quando tinha 10 anos de idade. *Messengers of Light* foi concebido a princípio com base nos relatos do meu diário. Escrevendo sobre meus sentimentos e pensamentos a respeito dos anjos, eu podia ter uma "prova visível" de que minha consciência estava mudando de uma forma muito bem-vinda. Sempre quis ter um diário que me inspirasse e me desse a oportunidade de escrever sobre minhas metas, sobre os pedidos que fazia em oração, sobre os anjos que eu evocava e sobre as coisas que me preocupavam. Projetei *Angel Days* para incluir tudo isso, assim como um espaço em que se pudesse escrever todos os dias. Quando acompanhamos nosso desenvolvimento espiritual, mesmo nas menores coisas, vemos como a vida é de fato miraculosa.

* *Os Anjos - Guardiãs da Esperança*, publicado pela Editora Pensamento, São Paulo, 1993.

** *Os Anjos Respondem*, publicado pela Editora Pensamento, São Paulo, 1994.

*** *Os Anjos - Inspiradores da Criatividade*, publicado pela Editora Pensamento, São Paulo, 1995.

O Boletim Informativo *Angels Can Fly* é uma publicação trimestral de Terry Lynn Taylor que nos lembra de manter os anjos sempre junto ao nosso coração. Você pode pedir fitas cassetes e outros livros de T.L.T (em inglês), por meio desse boletim.

A taxa para se assinar o boletim é de 13 dólares (ou grátis, caso você não tenha condições de pagar agora). Para receber uma amostra de *Angels Can Fly*, remeta um envelope selado e endereçado (tamanho 10) para:

Terry Lynn Taylor
2275 Huntington Drive, 326
San Marino, CA 91108

Por favor, sinta-se à vontade para escrever sobre suas próprias experiências, sentimentos, perguntas sobre os anjos ou qualquer outra coisa que queira comentar sobre o assunto. Escreva também caso queira informações sobre músicas, livros e outros artigos que podem ajudá-lo a manter sempre viva e bem sua consciência angélica.

É tempo de nos unirmos numa única rede angélica para ajudar os anjos e, conseqüentemente, toda a humanidade.